梦山书系 教育教学细节丛书 郑金洲主编

郁琴芳 著

父母教育行为的50个细节

海峡出版发行集团 | 福建教育出版社

图书在版编目（CIP）数据

父母教育行为的50个细节/郁琴芳著. —福州：福建教育出版社，2019.4（2021.12重印）
（教育教学细节丛书/郑金洲主编）
ISBN 978-7-5334-8411-8

Ⅰ. ①父… Ⅱ. ①郁… Ⅲ. ①家庭教育 Ⅳ. ①G78

中国版本图书馆 CIP 数据核字（2019）第 053887 号

教育教学细节丛书
郑金洲　主编
Fumu Jiaoyu Xingwei De 50 Ge Xijie

父母教育行为的 50 个细节
郁琴芳　著

出版发行	福建教育出版社
	（福州市梦山路 27 号　邮编：350025　网址：www.fep.com.cn
	编辑部电话：0591-83727542
	发行部电话：0591-83721876　87115073　010-62027445）
出 版 人	江金辉
印　　刷	福州万达印刷有限公司
	（福州市闽侯县荆溪镇徐家村 166-1 号厂房第三层　邮编：350101）
开　　本	710 毫米×1000 毫米　1/16
印　　张	16.5
字　　数	211 千字
插　　页	2
版　　次	2019 年 4 月第 1 版　2021 年 12 月第 5 次印刷
书　　号	ISBN 978-7-5334-8411-8
定　　价	39.00 元

如发现本书印装质量问题，请向本社出版科（电话：0591-83726019）调换。

总　序

编撰一套教育细节方面的丛书，这种想法由来已久。也许我们已经熟悉了过多的对教育的宏大叙事，也许是觉得教育叙述本来就应该是着眼"大局"的，使得教育研究者很少就教育的具体细节进行深究。相对于理论研究而言，倒是在实践中，我们的老师们更关注自己的教育对象，从具体的教育行为中探寻教育的真谛。在我为数不多的听课经历中，或者在与学校管理者的交往过程中，我常常能够注意到校长和老师们确实是秉承着一种细节决定成败的理念在工作，在教学和管理实践中从大处着眼小处着手。把这些细节展示出来，把教育教学的细节把握经验提炼出来，把细节蕴含的意义揭示出来，也就成了这套丛书的主旨。

真相在细节。学校管理的情况如何？课堂教学的实际情形是怎样的？教师与学生正在进行着什么样的交往？要了解这些问题的真相，可以进行整体情况的调研，可以从各单位的汇报材料中有所知晓，可以从教师的研究论文中洞察一二，但确切的真相总是在一系列的具体细节之中的。比如，要了解一个校长是如何管理一所学校的，我们不能仅仅从其个人的理念陈述中得知，而是要观察他管理学校的一举一动，考察他的每一个细节行为，看他是如何与教师、学生进行交往的，如何处理一个又一个棘手问题的，在这个过程中，真相也就逐渐浮出水面。可以说，细节捕捉让我们在教育实践中不只是听其言，更是在观其行，而对于真相而言，"行"永远是胜于"言"的。

力量在细节。听一个故事，有细节才有感染力；求证一个事实，有细节才有说服力。把事物演进过程中的细节成分呈现出来，才能让人信服。教育教学的实际情景也是如此。一个教学模式的提出，假如仅仅是程序性行为的展现，仅仅告诉我们该模式有几个环节构成，而没有各环节操作中的注意事项，没有具体展示模式运行的细节行为，就很难为他人接纳。同样，一种教学经验的总结，假如仅仅只是告诉我们这些经验是什么，由哪些方面组成，而没有细节性的事例呈现和说明，就很难走进我们的心灵。美国哈佛大学的约瑟夫·奈教授说：体现一个国家实力的不只是强大的武装力量，而更在于这个国家有没有精彩的故事。这句话所说的"精彩"，很大程度上就是细节。

魅力在细节。法学领域中经常有这样的说法：程序是美的。我的体会，教育领域中倒是应该有这样的认识：细节是美的。为什么有的时候听完一节课以后，我们会深深为课堂上师生的行为所感染而意犹未尽？为什么有的时候走进一所学校，我们会深深为校园环境与学校实践所触动而赏心悦目？仔细追究，都是和课堂上以及学校情景中的细节行为紧密相关的。前一段时间，在一所小学听三年级的外语课，课上，一个男孩回答问题时，与正确的答案差之甚远，课堂上同学们哄堂大笑；授课老师不经意地走到这位同学的身边，轻轻抚摸了一下这位同学的头以示关心。我注意到这节课的后半段，这位同学丝毫没有被回答问题的尴尬所影响，仍然是课堂的积极参与者。这些细节让我真切感受到了教育的无尽魅力！

问题在细节。自 20 世纪 90 年代以来，我们一直倡导教师要成为研究者。许多教师为找不到研究问题而苦恼。实际上，假如我们对自己从事的工作多一份细节意识，就会发现很多问题。有人说，从教师踏入学校大门的第一步到离开学校，如果从细节行为来分析，没有一时一刻不是蕴含着许多探索和研究的问题的，这话尽管有点夸张，但不无道理。当下我们大量的教育实践行为不太能经得起细节推敲，一进入细节领域，问题多多，障碍重重。总体来讲，教育中大而化之的东西还是比较多的，细节上推敲不够，把握不准，雕琢不细，从而导致教育的科学性不强，示范性不高。从细节处发现问题，研究教育教学细节，在我看来，应该成为教师从事教育研究的基本特征。

意义在细节。教育上有很多理论，教学上有很多规则，管理上也有很多规章，所有这些要求和规定只有在细节上体现时才有意义。反过来，我们在把握教育教学以及学校管理细节的时候，也要注意分析其背后的理念、理论或者理性成分。虽然不能像佛家所说的那样，要看到"一花一世界，一树一菩提"，但至少要从认知的高度对细节有可能蕴藏的意义加以考察和挖掘。也就是说，不能就细节谈细节，将细节本身作为研究和把握的重点。一般来说，细节都是有意义的，发现这些意义，就意味着对细节认识的一种深化，对于以后把握细节就多了一份认知保证。

从国人的文化传统角度来考察，我有一个不成熟也可能是不尽正确的看法，那就是我们相对于西方民族而言缺少细节思维。我们善于对事物做总体上的谋划，做全局性的思考，对目标也会下大力气去制定，但比较少地对事物做细节性处理。翻检古代教育典籍，从细节处谈教学方式方法者甚少。我们了解启发式，但不知如何操作；我们知道教学要体现艺术性，但几乎没有具体要求；我们也明了因材施教的原则，但无从下手难以实施。凡此种种，不一而足。不只是教育领域如此，其他领域大致也是如此。通过编撰一套教育类的细节丛书，当然不能扭转我们细节思维缺失的局面，但对于从事教育工作的同行来说，做细节思维的提醒还是必要的。

强调细节，并不是不关注大局、放弃宏大。事实上，细节只有在方向正确、战略明确、目标设定合理的前提下才有意义。因而，在细节的把握上，老师们不能碎片化地理解细节，而要注意把细节放在全局中去考量，这样的细节雕琢才更有意义。

郑金洲

2011 年 2 月

目 录

前言/1

一、日常言语细节

1. 快点/3

2. 认真点/8

3. 你看××多好/13

4. 我都是为了你好/18

5. 我跟你讲话,你听不见啊/24

二、主动教育细节

(一)目标的确立/31

6. 帮孩子种梦想之树/31

7. 设立一个可行目标/36

8. 激发孩子达成目标/40

9. 制订生活作息计划/44

(二)习惯的养成/48

10. 用什么代替闹铃声/48

11. 自己事情自己来做/52

12. 放手让孩子做任务/58

13. 引导孩子用好手机/61

(三)日常的陪伴/66

14. 父亲要多陪陪孩子/67

15. 常陪孩子共同阅读/73

16. 陪孩子一起编故事/80

17. 陪孩子看电视节目/88

(四)用心的关怀/93

18. 给孩子以精神关怀/93

19. 早点去学校接孩子/100

20. 倾力支持孩子兴趣/104

21. 保护孩子的想象力/107

(五)尊重与信任/111

22. 与孩子商量/111

23. 做一名合格的听众/118

24. 孩子啥都不跟我说/123

25. 耳机就在我口袋里/126

26. 我欠孩子一个道歉/130

(六)激励与惩罚/134

27. 鼓励让孩子变得自信/134

28. 激励让孩子肯坚持/139

29. 孩子在校违纪不改/144

30. 孩子越打越不听话/148

31. 情境体验代替打骂/153

（七）感恩与节俭

32. 谁动了我的私有物品/158

33. 最后一块蛋糕给谁/162

34. 培育正确的金钱观/166

三、回应教育细节

35. 分享孩子的好消息/173

36. 发现孩子收到情书/178

37. 我考试没有发挥好/182

38. 我不想学主持人课/185

39. 我不想上英语课了/190

40. 文静的姑娘最可爱/193

41. 不要给妈妈帮倒忙/198

42. 孩子受欺负时忍让/202

43. 孩子保护自己的玩具/209

44. 我的孩子从小就很乖/214

四、自我约束细节

45. 展现勤奋生活态度/223

46. 坚持写成长日记/226

47. 兑现自己的承诺/230

48. 把孩子秘密当回事/235

49. 让孩子找大人的茬/238

50. 不影响孩子做作业/242

后记/247

前言

> 使人疲惫的不是远方的高山，而是鞋子里的一粒沙子。在人生的道路上，我们很有必要学会随时倒出鞋子里的那粒沙子。
>
> ——伏尔泰

怎样做父母？这个问题的确相当简单。不管有没有人是否对你传授过知识，也不管你自身愿不愿意、合不合格，一旦十月怀胎，一朝分娩，当孩子离开母体来到人世，从生理上讲，你确实已具有了做父母的资格，你及你的爱人就是孩子的父母了。

怎样做父母？这个问题却也相当不简单。从孩子的健康发展和科学教育的角度来看，仅仅是具有了生理资格的父母并不一定具备担任家长的教育资格。给予了孩子生命的父母，单凭血缘所带的人性之爱，并不一定能够帮助他胜任教育孩子的角色和职责。假设我们中的任何一个人躺在手术台上，在麻醉师把我们麻醉之前，外科医生走了进来对我们说："在手术方面，我真的没有受过多少训练，但是我爱我的病人，我会利用常识来做手术。"这时你会有什么感觉？作为普通人，我们可能会惊慌失措，赶紧逃命去了。这样的一个国外笑话足以让我们每一个人明白，父母其实堪比外科医生，来不得半点儿戏，单凭父母之爱或者常识来教育子女绝对是不合格。他们同样需要接受如何为人父母的专业教育，需要明了如何去善尽父母职责。

可现实生活中，大多数年轻父母都是初次为人父母，没有任何的实际育儿经验，唯一可以依赖的就是二三十年前自身经历的父辈养育过程和感受。可是，每一个孩子都不是大人的简单复制，他们的性格特点与父母终有差异，身处的时代则日新月异，因此二三十年前的经验只能给父母提供借鉴，而不能简单模仿、复制。庆幸的是，目前有越来越多的父母，意识到家庭教育的重要性，寻找各种途径去学习家庭教育的知识与方法，比如各类育儿书籍和网络信息的学习；也有越来越多的学校意识到家庭教育指导，即家长教育的重要性，开展丰富多彩的指导、服务工作，这些由学校组织的家长学校、家长讲座确实给了父母不少的支持和帮助。

但不可否认的是，家庭教育就是这么奇妙："看（听）了不一定会懂，懂了不一定会做，做了不一定正确，即使做正确了也不一定会长久坚持下去。"它的操作性极强、变化性极大，不是对成功的家庭教育经验做简单的照搬照抄就可以达到良好的效果的。家庭教育效果不佳的家庭，父母是高学历、高职位的并不少见；相反，有时候只会朴素过日子的，谈不出很多大道理的父母对子女的教育却很出色。可见，父母教育子女与教师的班级授课有很大的差异，父母是子女最亲密的生活伴侣，重要的不是要有口若悬河的口才、满腹经纶的才学，而是要能够把教育寓于日常生活的每一天，对孩子有潜移默化的长期影响和榜样引领。

生活就如涓涓细流，每天有无数微不足道的事情发生，陪伴着父母和孩子成长。父母的一言一行、一举一动，每一个微小的细节都会对孩子产生潜移默化的影响。教育是门艺术，家庭教育更是门讲究细节的生活艺术。细节在《辞海》中的解释是"琐细的事情、无关紧要的行为",正是因为它的小、碎、细,毫不起眼,所以往往被父母所忽视。

与不起眼的家庭教育细节相比,父母更为熟悉的是家庭教育原则、家庭教育方法。比如,理性施爱原则、正确导向原则、以身作则原则、启发诱导原则、教育一致性原则、因材施教原则,这些都是逐渐为众人所熟悉的家庭教育原则。家庭教育方法则更多,例如环境熏陶法、说服教育法、榜样示范法、实际锻炼法、表扬奖励法、批评惩罚法、暗示提醒法等等。家庭教育的原则是根据家庭教育的目的和要求,以及家庭教育的规律性的认识而制定的指导家庭教育实践的基本要求。[1] 显然,家庭教育原则是父母教育行为的基本准则。而家庭教育的方法,是指家长在对子女实施教育时所选择和运用的具体措施和手段。[2] 它是在家庭教育原则的指导下,采取的各种策略。不坚持正确的家庭教育原则,家庭教育会偏离科学的方向;不采用正确的教育方法,家庭教育效果往往事倍功半。但在生活中,父母还是经常会发出这样的感慨,"很多的家庭教育原则和方法,我都知道。可是在教育子女过程中碰到具体问题啊,要么效果不尽如人意,要么束手无策"。可见,在坚持正确的家庭教育原则、运用合理的家庭教育方法之外,父母必须关注日常的家庭教育细节。与原则和方法相比,家庭教育细节尽管微不足道,但却能产生如"星星之火可以燎原"般巨大的作用力和影响力。

细节体现父母的教育智慧

父母教育孩子,不是一个单向的灌输活动,而是父母和孩子互动的过程。在互动过程中,父母会时时感受到孩子生命成长的力量,也会因为孩

---

[1] 吴航. 家庭教育学基础 [M]. 武汉:华中师范大学出版社,2010.
[2] 赵忠心. 家庭教育学 [M]. 北京:人民教育出版社,2001.

子成长伴随而来的各种问题而苦恼而抓狂。此时，发挥生活教育中细节的力量去有效解决教育困境，是摆在很多父母面前的一门功课，它能充分体现出父母敏锐感觉、准确判断孩子成长过程中出现新问题的智慧；把握教育时机、转化教育矛盾和冲突的智慧；根据不同的情境及时对孩子做出合理回应的智慧。正如一句俗话所言，"父母在生活中要和孩子斗智斗勇"。斗智斗勇离不开父母的各种奇思妙想，有时一个巧妙的细节，能够化解一场亲子冲突；一个设计的细节，能够推动一个孩子的改变；一个细节的突破，能够让整件棘手的事情迎刃而解。

细节凸显父母隐藏的问题

家庭教育中有一个普遍现象，即大多数父母会认为自己已经努力在做一个好父亲、好母亲，然而他们在子女心目中的地位和形象并不如他们想象的那么高大。这正好印证了国外的研究结论，父母与子女在对相互行为及家庭内关系的感知上存在差异。[①] 父母和孩子对各自的表现给出的评价存在一定的差距，父母的自我评价往往要高于孩子的评价。其中一个重要的原因是，父母很少能够从孩子视角发现自身家庭教育行为中的问题。如果父母能够多一点细节意识，他们会发现自身有很多需要改进的地方。笔者曾经对104对亲子家庭进行过问卷调查，高达51.9%的孩子讨厌妈妈经常催促自己。[②] 其实，"是否能够给孩子充足的时间，不催促孩子"是家庭

[①] Simons, R. L., Lorenz, F. O., Wu, G. I., &Gonger, R. D. Social network and marital support as mediators and moderators of the impact of stress and depression on parental behavior. *Developmental Psychology*, 1993, 29, 368-381. 转引自：刁静，桑标. 理解与隔膜——家庭成员对青春期亲子冲突的感知差异研究［J］. 当代青年研究，2009（9）.

[②] 详细内容可参阅：郁琴芳. 进城务工人员亲子两代对亲子关系感知差异的比较研究［J］. 思想理论教育，2011（2下）.

生活中一个非常小的亲子相处细节，却往往是容易被父母忽视的大问题，多数母亲会对孩子唠叨"赶快""快点"。家庭教育中有许多被父母忽视的教育细节，却恰恰能够反映出父母教育行为中的一些问题和不足。父母们，关注细节，是意识到错误和不足的开端；改变细节，会是你们改进教育、迈向成功的关键。

细节引领家长的自我反思

随着新手父母受教育程度的不断提高，越来越多的父母意识到学习的重要性，开始了对着书本"科学"养育孩子之路。这看似严谨科学的教育实则严重不科学，教育孩子是一个漫长而复杂的过程，绝对不能等同于标准化的产品流水线生产，因此，如何把抽象的书本知识转化成适合每一个孩子特点的教育实践，考验了父母的教育智慧。可是，现在的很多父母对知识、对孩子教育不求甚解，更不加以思考，只会人云亦云，邯郸学步。成功的父母，无一例外都是善于反思和总结的父母，惯于在"行动后反思"和"行动中反思"。而细节，是父母"行动后反思"自身实践的导航，它能够帮助父母清晰地回顾教育实践过程和情境，在按图索骥中寻找行动效果与行动目标之间产生差距的原因；也是父母"行动中反思"的利器，在连续不断的教育行为中帮助父母加深对孩子行为和要求的理解，及时做出合理和正确的反馈。

细节再现家庭教育的情境

家庭教育学的一大问题是"居高临下的说教多，设身处地的操作指导少"。[①] 其实，家庭教育与学校教育相比，本身就不是班级授课制下的专业

---

① 杨宝忠. 大教育视野中的家庭教育[M]. 北京：社会科学文献出版社，2003.

知识的系统传授。因此，家庭教育的操作性和随机性更强，在处处是教育、时时是教育的环境中，家庭教育的内容和形式千变万化，相同的内容教授给孩子时，一百个父母会上演一百种不同的教育故事。它非常讲究父母在教育中的具体艺术和操作技巧。所以，细节的力量在于此，它能够生动地再现家庭教育情境，将难以说清道明的亲子关系、父母的教养方式形象地外显出来。一个有感染力的家庭教育故事，必然是充满细节的，值得让父母去回味、去反思、去学习、去调整。

法国大文豪伏尔泰曾经说过："使人疲惫的不是远方的高山，而是鞋子里的一粒沙子。在人生的道路上，我们很有必要学会随时倒出鞋子里的那粒沙子。"当一种东西小到不是你的对手时，你更应该格外小心。现实生活中，将你击垮的有时并不是那些巨大的挑战，而是一些非常琐碎的事情。不少人都有过这样的体验：当灾难突然降临时，人们常会因恐惧、紧张，本能地产生出一种巨大的抗争力量；然而，当困扰你的是一些鸡毛蒜皮的小事时，你可能就会束手无策，因为它们是生活的细枝末节。然而，正是这些看似微不足道的小事，却能无休止地消耗人的精力，正像吸血蝙蝠一样，能把强大的生命置于死地。

家庭教育中充满了父母教育行为的细节。对于家庭教育效果而言，有的有效，有的无效；有的精彩，有的遗憾。对于父母而言，有的细节是有意而为，有的是无心插柳；有的视而不见，有的刻骨铭记。

但我们坚信，家庭教育是脚踏实地的"工程"，更是细水长流的"生活"。教孩子做每一件小事，远胜于告诉孩子们一个抽象的道理。成功的父母，在一定程度上都是"细节大师"：他们是运用细节的熟手，是捕捉细节的能手，更是反思细节的高手。愿天下的父母在日常生活中都能够敏锐地捕捉、合理地使用、智慧地生成具有教育价值的细节。

一、 日常言语细节

　　一般来说，父母与孩子是整天生活在一起，他们是孩子生活中最亲近的人。他们照顾孩子的生活起居，关注孩子的身体健康，关心孩子的学习交友等等。在日常生活中，父母一句平常不过的话，一个细小不过的动作，都有可能在孩子的心灵留下深刻的印记。其中，父母与孩子在家庭互动中最多最频繁的就是言语沟通，这些言语沟通，通俗一点说就是亲子之间的对话，基本上是大家司空见惯、耳熟能详的，且大多围绕孩子的生活、学习而展开。除此之外，我们应该特别关注在家庭生活中出现频率极高的言语细节。结合俗语，我们将这些言语称为"家庭教育碎碎念"。这些话经常被父母挂在嘴边，甚至于反复出现在每天的亲子对话中，用孩子的话来说，父母说来说去其实都是在说一样的话，没有营养，没有创意。很有可能，这些"碎碎念"本身的目的，是要表达自己对孩子的教育要求，却不知道这样的言语细节，无形中拉大了亲子之间的距离，与预期的教育目标背道而驰。

1. 快点

> 家庭教育碎碎念①：
> 教育是慢的艺术。慢，需要耐心和耐性；慢，需要尊重和体谅；慢，更需要等待和留白。

家庭生活中，每天都在上演着一幕幕内容不同，但言语对话极为相似的情景剧：无论孩子是在吃饭，还是在穿衣，是在作业，还是在看电视，父母常常会对孩子碎碎念："快点啊！你抓紧时间啊！不要磨磨蹭蹭啊！"

为什么父母总是要求孩子"快点"呢？这是父母在看到孩子完成任务的速度较慢，而提出来的合理要求吗？不给孩子充足的时间，却经常催促孩子，这对家庭教育会有实际的正向效果吗？我们试着一一加以分析。

父母惯常的催促言语，在我们看来，一部分是合理的教育要求，他们的确是由于看到了孩子不合理、不合适的行为表征，进而对孩子提出适当的要求和提醒。但大部分的催促言语是不合理，甚至是毫无意义和价值的，他们没有顾及孩子的实际情况，只是一味地从成人的角度去要求，甚至是无意识、无一定目标的碎碎念，这可能与大多数父母的思维和言语习惯息息相关。

第一，父母评价孩子动作快慢的"参考坐标"是成人速度。

众所周知，速度有绝对速度和相对速度之分。日常生活中，做一件事

---

① 碎碎念是从闽南话里面的"se se nian"直译过来的书面语。有时表示：老是重复说着同一件事情，形容说话的这个人很烦。后来，直接将其翻译成"碎碎念"，表示老说着一些琐碎没有意义的事情。

情或是完成一项任务，速度快慢一般都是相对的。父母嫌孩子做事情慢、磨蹭、慢吞吞，相对的参照物是成人的做事速度，乃至于是自己本身的速度体验与价值判断。与成人相比，孩子的肌肉成熟度、神经发育完善性、身体协调性都稍逊一等，比大人慢是再正常不过的自然现象。孩子动作再快、再熟练，与成人的坐标值一相比较，也会显得慢很多了。因此，孩子动作慢是正常的，一味地以成人的标准去要求孩子是不恰当的。

第二，父母大多不能容忍孩子的"慢"节奏，缺乏耐心。

父母经常嫌孩子动作慢，还有一个重要的原因是，他们大多认为动作慢吞吞是一件麻烦事，会给大人平添一些烦恼。比如，孩子吃饭缓慢无疑会影响到全家晚餐结束的时间，进而影响大人洗碗、收拾餐桌的进程。相反，在父母的要求和指令下，如果孩子能迅速做出反应并及时完成，大人则会感觉轻松很多，因为他们不必在一件事情上每时每刻都盯着孩子，无疑会省心不少。所以，从事情尽快完成、减少大人麻烦的角度出发，父母大多不能容忍孩子的"慢"节奏。在很多事情上，他们宁可包办代替，将事情迅速完成，也不愿意放手让孩子学着慢慢做。

第三，父母将孩子动作的快慢与其主观努力的程度直接画等号。

"快点"这样的碎碎念常出现在父母对孩子的日常学业要求上。父母之所以要去催促孩子快点完成作业，一来，作业是检验孩子一日学习成果的重要工具，作为父母，一般都明白自己作为家长最起码的职责是配合学校教师的家校同步要求，让孩子又快又好地完成作业，起到巩固知识、检验成果的积极作用；二来，很多父母的思维逻辑还是这样的：孩子学习的时候磨磨蹭蹭，是因为孩子不想学习、不愿意学习，磨磨蹭蹭是他们在拖延作业时间。这些家长，将孩子的学业失败或者成绩表现不良、作业完成速度慢，归结为他们在学习上投入的时间不够，间接认为这是孩子主观上不努力、不用功的结果。

"快点"这样的言语频繁出现在家庭亲子沟通对话场景中,特别是出现在上学、做作业等关键时间节点上,从本意上来说,大多数父母希望孩子能够迅速听令,以较快的速度完成各种任务。其实,这样的碎碎念不仅不能起到立竿见影的正面作用,相反还会带来一些意想不到的后果。

一方面,父母催促的言语细节会给孩子带来负面的情绪感受,进而影响到孩子对父母的认知形象。父母经常说"快点",会让孩子们觉得父母唠叨个没完、不厌其烦,凡事只会催催催。而父母有时候还意识不到自己在家庭中经常会有这样的碎碎念。笔者曾经对104对亲子家庭进行过问卷调查,高达51.9%的孩子讨厌妈妈经常催促自己,相比较而言,只有30.7%的父亲和33.6%的母亲意识到自己在这方面存在不足。如果父母脱口而出"快点"指令时,并不是因为孩子本身动作慢,仅仅是习惯成自然的话,那么孩子对父母的厌恶和讨厌更甚。他们会觉得父母并不是真心、用心在管教他们,更多的是一种敷衍和应付。

另一方面,父母催促的言语细节有时会带来截然相反的管束效果。一旦父母催促的言语细节过多过频,引起孩子负面情绪的几率就会增加。负面情绪多次累积后,不仅会影响到孩子与父母之间正常情感的交流,还会引起孩子回应父母教育指令的行为改变。有时候,当父母说"快点"的时候,有些孩子会对作业草草了事,以此满足父母"快点"完成的要求,反正马虎一点的作业在父母眼里一定是好过不按时完成作业的行为。另外,还有一些孩子反而会故意拖拉,以此反抗大人,故意和大人作对,"你让我快一点,我就故意慢一点"。尤其是在作业问题上,有些家长,要么想让孩子多加练习以巩固知识,要么想让孩子超进度学在其他孩子前面,他们会自行买来一些练习册、补习卷,对孩子布置一点额外的课外作业。如此一来,这些孩子只有在尽快完成学校作业的前提下,才能有多余的时间来完成家长布置的作业。当孩子了解和掌握了家长的这种求快心理后,出于逃离额外作业的心理，他们会出现一些对立的行为：做作业时会拖拖拉拉，找一些借口或者机会偷偷懒，把作业的完成尽量撑满在有限的时间里，而不是应父母要求快速完成作业。

父母家庭生活中的碎碎念之"快点"反映出的是父母是否能够给孩子充足的时间，不催促孩子，这是家庭生活中一个非常细小的亲子相处细节，却往往是容易被父母忽视的大问题。有些父母，生活中追温饱多、求精细少，与孩子相处也多是一贯大大咧咧、粗放型教养，他们较少会帮助孩子设想一天的时间安排，也无暇顾及孩子的生活学习时间安排，当面临一些时间节点问题的时候，他们会免不了从成人角度出发去催促孩子；有些父母，抱着让孩子每一天都充满意义的教育宗旨，会为孩子精心安排乃至设计生活和学习，一环扣一环，由此父母在言语中催促孩子的机会也大大增加。

既然在日常生活中，过多的念叨"快点"起不到正向的教育效果，父母应该从自身出发，不仅要有意识地减少此类的唠叨，更要从培养孩子时间观念、训练孩子动作技能等角度出发去提升孩子的行动力，从源头上减少唠叨出现的机率。

第一，父母应该改变自己的言语习惯。

父母意识到在亲子日常相处沟通中念叨"快点"的危害，改变其毫无目的性、指令性的催促言语习惯。因为在念叨"快点"时，大多并不是嫌孩子本身动作慢而说出来的指令，很多时候是一种"习惯成自然"，看见孩子未完成某项任务时顺嘴就催促了一下。而且这样的催促发生频率之高，往往在父母的意料之外。

第二，父母应该教会孩子合理支配时间。

在日常生活中，为了培养孩子形成高效的学习和生活习惯，父母可以和孩子一起商量，共同制订时间表。这样的时间表可以是一天时间安排，也可以是一周时间安排，更长的还有一个学期或一个暑期的整体安排。时间表一旦由双方共同商定下来，就让孩子自己掌握时间，父母起一点监督作用。另外，如果有些孩子的确是在某些方面动作特别慢，父母给予孩子指令时也应该尽可能地避免催促，而是应该给予正面的积极的引导。比如孩子起床比较慢，或者作业写得拖拉，父母不妨事先就给他规定个时间，如"几点以前必须做完，不然会取消……"。这种事情发生前的规则的约定，效果要远远好过父母在看到缓慢状态时候的催促和唠叨。

第三，父母应该多放手、少包办，锻炼孩子的动手能力。

俗语说，"熟能生巧"。孩子动作慢，原因之一是他平时练得少、动得少，发展动作技能的机会不多。小的时候，很多父母对孩子疼爱有加，"含在嘴里怕化了、捧在手里怕摔了"。他们把孩子的一切生活起居都安排得十分妥帖，让孩子生活在成人织造的一张保护网中。孩子也在这样无微不至的保护中，习惯了"饭来张口、衣来伸手"式的被动生活方式，动手能力、生活自理能力都得不到培养和发展。等孩子长大了，父母又觉得孩子功课任务重、压力大，没时间培养孩子跟学习无关的动手能力。被认为"天才"的少年考入高校后，却因缺乏生活自理能力而退学，这样的案例已非个别。

因此，避免父母催促的最根本的举措还在于，从小锻炼孩子的动手能力。让孩子学会动手去体验，体验生活，体验知识，体验社会。做得慢，没关系，孩子的动作会由慢到快逐步熟练的；做得不好，没关系，孩子会在修正错误的基础上渐渐找到正确的方法，取得进步的。

2. 认真点

> 家庭教育碎碎念：
> 行动上的示范远远胜过你去讲一百遍正确的废话。

"认真点"是一个非常典型的父母家庭教育碎碎念。它在家庭生活中出现的频率极高，是当仁不让的冠军级口头禅。孩子生活的方方面面均是父母关心的焦点，但占据未成年孩子主要精力的学习任务则是父母最为关怀的问题。因此，父母会在孩子进行学习任务和工作的时候，譬如，孩子作业时、形形色色的考试前等，一般都会加以善意的提醒"认真点哦"。和"认真"一词相仿的词语还有"努力""细心""用功"等。这些形容词字眼常被父母用来表达他们对孩子的要求，希望孩子在生活、学习上表现得尽可能地优秀、出色。

为什么"认真点"在家庭中有如此高的出现频率呢？这固然是父母对孩子的学习状况过于关心，但不可否认的是，对孩子的行为，父母言必要求"认真"的背后，是家庭教育的一种误区。

第一，父母喜欢自我单方面的主观表达。

我们不难发现，许多家长之所以时时会念叨"认真点"，在于他们对待孩子时总喜欢单方面地表达自己的感觉感受和愿望想法。这个与家长自身的教育文化程度没有太多关系，他们对于孩子的学习迫切关注，有着一定的学业期望。但是，他们却往往忘记孩子的立场、忽视孩子的感受，只会单方面要求孩子"努力""认真""用功"……似乎，只要他们善意提出这些要求，孩子自然会接受并内化为自己的学习行为。很多时候，父母单方面对孩子学业提出的这种碎碎念，仅仅是父母一厢情愿的表达，起不到太好的效果。因为做任何事情都不是只靠愿望就可以实现的，更何况还只不过是父母单方面的愿望。这样单方面的主观期望的表达，在多大程度上能够被孩子所感知、所接受、所认同，往往不得而知。

第二，父母倾向于看到孩子学习态度端正和主观努力。

父母"认真点"碎碎念基本上是针对孩子的学习。对于学习到底该怎么进行，父母自己心里并不太清楚，毕竟他们离开学校很多年，对现有的学校教育的要求、学习方法等等的认识存在相当的距离，即使他们有一些认识和理解，也往往会存在偏颇和不完整的地方。除了学习上的专业指导之外，父母会更多地把自己的精力和关注点投放在孩子的学习态度上。相比较学习的内容，父母会认为孩子的学习态度和努力程度是他们可以监控和把握的。而且在大多数父母眼里，"一分耕耘、一分收获"，孩子是否能够获得较为漂亮的考试成绩，与孩子日常的学习努力程度息息相关。因此，基于这样的思维逻辑，父母会通过不断地念叨"认真点""一定要认真"，希望给孩子更多的信息和指令，督促孩子好好学习、天天向上。

在家庭生活中，父母对孩子常念叨"认真点""努力点""用功点"，有没有实际的效果呢？非常遗憾的是，这样的碎碎念偶尔为之，在孩子眼里还会被视作父母对自己的提醒，唠叨多了，负面效应就随之而来。

"认真点"实属正确的废话，对孩子起不到实质性指导与帮助。

在孩子眼中，"认真点"纯属毫无营养的话，父母的这种提醒和关照对他们起不到更多的实质性的帮助。为什么这么一句再正常不过的话，在孩子眼里却是正确的废话呢？

细细揣摩，我们不难发现，尽管"认真点"与"快点"都是父母碎碎念，但两者之间还是存在一定的差别。"认真点"有别于"快点"的地方在于，"快点"是一个相对明确的言语指令，而"认真点"则看似明确，实则模糊。当父母说"快点"的时候，孩子一般是能够明白，父母言语指向的目标是自己的动作要加快。但是，面对"认真点"这样的模糊言语指令，孩子其实不大明白，以至于非常茫然。"认真""努力"等词汇的表达看似要求明确，但实际这样的言语信息只不过是父母对孩子学习要求方面的主观意愿的表达，缺乏对客观行动过程中的明确指导。父母的理解往往很主观，认为孩子对这么简单的事情一定是很明白的，所以只是主观地提出了要求和愿望，但具体怎么做却又疏于指导！对理解能力尚达不到成人水平的孩子而言，父母一味强调"认真"，孩子们怎么能知道如何"认真"，如何实现"认真"呢？所以说，父母说了"认真"，等于没说，绝对正确却毫无营养。

父母总念叨"认真点"，容易造成双方情绪上的对立。

父母总是以"认真点""努力点"来关注孩子的学习之事，正如上文分析的那样，这样做不仅会因为没有下达明确指令而说不清问题，也很容易造成双方情绪上的对立。

对儿童而言，总被念叨"认真点"，孩子会产生不被信任的负面情绪。很多孩子对父母的"认真点"碎碎念，最大的感受是"一个字烦、两个字讨厌"。我们留心观察一下，这样的场景在家庭生活中很常见：在家长对孩子说"认真点"的时候，孩子常常会回答："是，知道了。"而脾气大点的孩子会说："知道了，你烦不烦人啊。"即使大点的孩子知道自己错了，也知道怎么实现"认真"，但是，往往在听到"认真"二字后，心理上会引起极大的厌恶和反感，明知道什么是对的也不去做，产生一定的逆反情绪。

为什么会这样呢？对于孩子的学习，父母最为上心，他们希望孩子"好好学习、天天向上"，因此会像念紧箍咒一样时时念叨。但实际上，孩子面对学习的重任和压力的时候，需要父母的点滴关心和适度理解，而不是总是提醒没有任何实质性帮助的话语。在说"认真点"时，父母更像是孩子学习的监督者而非陪伴者。另一方面，这样的碎碎念给孩子传递的信息明着是关心和提醒，但言下之意往往是——"你一点也不认真啊"或者"你这点认真还不够，还需继续努力啊"。长此以往，孩子自然会产生不被信任、不被理解、不被认可的负面情绪，总感觉自己的父母在挑剔自己的学习状态，进而产生逆反心理。有些孩子，甚至会认为自己的父母完全无视自己的学习状态，只会单方面的要求和索取，一味求"认真"的结果，而不看自己"认真"的过程和实际付出的努力。

面对孩子的置若罔闻，父母也容易陷入焦虑中。父母念叨的"认真点""努力点"基本都是以自我为中心的言语习惯，这些话语往往是建立在对孩子漠视的基础之上的。父母往往以爱的名义，强加自己的主观意志给孩子，包括学习上的各方面要求。一旦孩子达不到自己的要求，父母则会非常失望。由于"认真点"是一个相对模糊的言语指令，孩子很多时候是不知道如何做才能达到父母"认真点"的标准和要求。在没有太多实质性的标准参照下，孩子往往无所适从，而父母则更容易看到孩子学习上的态度不端正和主观不努力，认为孩子不听大人的话。长此以往，父母会陷入孩子不听话这样的角色定型陷阱之中，自己"认真点"的要求在孩子那里总是得不到积极的回馈，产生深深的不安和焦虑。

综上所述，"认真点"这样的碎碎念在家庭教育上，远没有达到它本来应有的效果。既然效果不佳，父母不如早点做出自我改变，减少碎碎念的可能，在对孩子的管教、学习指导方面做相应的策略和方法上的调整。

第一，从监督走向陪伴，父母要给予孩子正确、及时的学习指导。

"认真点"大多是父母面对孩子的学业而提出的一贯的要求。对于每一个望子成龙、望女成凤的父母而言，孩子的学习问题是家庭绕不开的一个话题，更是父母们整日关心的焦点。但是，对于关心孩子的学习这一问题，父母应该扮演的角色绝不是监督者，而应是一个陪伴者。整天念叨"认真点"的父母，在一定程度上就是学习的监督者，从成人管理儿童的角度出发，监督着孩子的学习进度和状况。父母需要的改变就是，能够放下身段，从一个监督者转化成孩子学习的陪伴者，深刻理解和了解孩子的学习状态，以便能够及时为孩子的学习提供物质和精神上的支持，而不是只是一味地提醒孩子"认真点"。

任何人的学习，都是一个复杂的多因素综合的结果，父母需要的是好的学习结果，但在念叨"认真点"时给孩子的直接感受就是，父母对学习态度的着实看重。其实，与学习态度并重的还有学习方法、学习兴趣、学习习惯等等，这些都需要父母去关心和提点。父母与其天天念叨"认真点"而弄得孩子一头雾水无所适从，还不如教给孩子具体的学习方法，培养孩子良好的学习兴趣和学习习惯，实时关注孩子的学习心理，及时为孩子排忧解难。

第二，从模糊走向明确，父母要少说形容词，多说名词和动词。

"认真点"是一个相对模糊的言语指令，从行动产生的效果来看，"认真点"并不适合父母用来指导孩子的学习等各种任务。因为，父母通常并没有告诉孩子怎么学习才算是认真，怎么做才是认真，而往往只是用"认真"这个词来解释"认真"，孩子根本就不明白如何做才叫做认真。所以，要想达到正确理解"认真"的意义，正确执行"认真"的目标，需要父母十分耐心地、全面地、科学地给孩子讲解"认真"，对"认真"做出具体的要求。

"认真""努力""用功"等都是形容词，形容词更多表达的是愿望和性质。可什么是认真、怎么认真、认真到什么程度才够，这些问题都不是简单的一句"认真点"就能够传递给孩子的。如果要求孩子做什么事情，是需要用名词和动词表达和解释的，告诉孩子该做什么，怎么做，特别是做事情的步骤、顺序、程序等等，让孩子"有迹可循""有章可仿"，这样才能引导孩子在具体的行动中落实"认真"的目标和要求。

3. 你看××多好

> 家庭教育碎碎念：
> 不要让我们的孩子一生都在与敌人——"别人"相斗、相怄气。

"你看××多好"是中国父母在日常生活中碎碎念的内容之一。当大大小小的各类考试成绩出来的时候，父母会碎碎念："你看××多好，每次都考第一名！"当孩子有不良行为出现的时候，父母会碎碎念："你看××多好，又聪明又乖巧。"当父母看到别人家的孩子的特长和表现的时候，父母又会情不自禁地碎碎念："你看××多好，琴弹得真棒啊、舞跳得真好啊！"在念叨这些话语的时候，我们都不难想象，父母往往还会带着一脸的羡慕或一脸的惋惜。

俗语说"隔家的饭香，别人家的孩子棒"，说明这是一个家庭教育中常见的现象。为什么自家的孩子在父母的眼中总是比不上别人家的孩子呢？从以下三点，我们试图发现父母这一言语细节经常在生活中出现的原因。

第一，该碎碎念细节折射出父母对教育方法的错误使用。

"为什么你们经常要念叨'你看××多好'呢？"假设我们随机对父母抛出这样的问题，以便对他们言语背后的目的进行一番简单的调查。

一般而言，父母会觉得念叨这句话是理所当然的。他们基本上给自己的念叨寻找一件合理的外衣，即这是他们在生活中经常使用的教育方法——榜样激励法，是给孩子寻找和树立生活中的榜样以激励和鞭策孩子。我们姑且承认父母的出发点是善意的，但不可否认的是，父母往往忽视了一个重要因素，即作为一种教育方法，榜样激励法的确值得父母在日常生活中经常使用，但如果变成经常念叨"你看××多好"的话，方法本身的功能和价值一定会被父母念歪了。

因为，"你看××多好"从父母嘴巴里蹦出来的时候，父母永远是拿别人家孩子的优点来对比自家孩子的弱点，本意为激励孩子，实则是打击孩子的自信心，孩子便会容易产生不被理解、不被认可、不被接纳的负面情绪。

第二，该碎碎念细节源于父母在教育子女时的高度期望。

为什么父母常常念叨别人家的孩子好呢？这与中国的文化传统及其家庭教育传统有关。父母之所以会念叨别人家孩子的优点，源自于父母对自己孩子的高度期望。从中国的文化传统来看，父母对孩子的期望一直居高不下，"望子成龙、望女成凤"是父母高期望的一种非常形象的描述，也成为千百年来，被众多父母所认可、所追求的一个终极教育目标。随着时代的进步、社会的发展，父母对孩子的高期望已经从传统的"望子成龙、望女成凤"的笼统描述，转化为实实在在的具体的期望，比如父母对孩子的文化期望、职业期望和经济期望等等。笔者曾经对外来务工人员做过调研，发现他们对于孩子抱着不是一般的高期望，高达96.6%的父母希望自己的孩子在文化程度上达到大学专科、本科及以上的学历（其中达到大学专科或本科的有55.4%，达到硕士的有18.0%，达到博士的有23.2%）；对于孩子今后从事的职业，有59.9%的父母愿意孩子从事纯脑力劳动；对于孩子今后的月收入，希望孩子今后月收入在1000～4999元的父母有32.9%，5000～9999元的有35.7%，1万元以上有31.4%。

第三，该碎碎念细节也反映出父母"越亲近就越苛刻"的教育心理。

一般而言，父母都是非常疼爱自己的子女的，这是人之本性。按常理推断，父母如此疼爱自己的孩子，为什么还要总是去说别人家的孩子好呢，这不是"长他人志气灭自家威风"吗？这与另一俗语"瘌痢头的儿子自家的好"是相背离的。

但细细揣摩父母这一看似矛盾的行为细节背后，我们不难发现，父母的这句碎碎念细节正好印证了"越亲近就越苛刻，越陌生就越礼貌"这句哲理。通常，我们会对陌生人相对宽容，而对越熟悉的人反而越苛刻。其实，由于父母和自己的孩子整天朝夕相处，自然会对自己孩子的缺点了如指掌，而对不甚熟悉的人，父母看到的大部分是优点。因此，很多时候，父母是从自我的角度出发，自私地要把孩子变成成人所喜欢的样子，用别人的优点来苛刻地对比自己的孩子。

"你看××多好"是家庭生活中常见的父母碎碎念，父母念叨的时候，出发点大多是为了鞭策孩子，但实际效果并不佳，反而有很多不利孩子发展的因素存在，甚至还会让父母反受其害。

该碎碎念好似一条如影随形的绳索，禁锢着我们的孩子。

中国的孩子最可怜，何以见得？因为他们从出生开始就有个永远也打不败的敌人——别人。有多少父母念叨别人家孩子的好，就有多少孩子讨厌这个空气中的敌人——别人。

人人都明白，任何一个人，都不可能样样在行。同理，孩子的成长过程中必然伴随着个体之间的或大或小的差异。而我们的父母，基本不考虑孩子之间的客观差异性，一味将自己的孩子与别的孩子进行比较。对于孩子而言，这样的比较无异于给自己判了"无期徒刑"，无休无止。因为，在生命成长任何一个周期过程中，孩子都会感到"你看××多好"挥之不去。在不同的成长阶段、在不同的生活社区、在不同的学习班级等等，父母总是能找到一个具体的别人，在某一个具体的方面把自己的孩子给"打压"下去，例如父母可以在孩子之间比学习、比才艺、比职业、比婚姻等。因此，它就像一条如影随形的绳索，禁锢着我们的孩子，让孩子体验不到成功的快乐，也无法时时得到父母的激励。

该碎碎念若成为父母的评价标尺，也会影响自身的情绪体验。

在家庭生活中，父母经常对孩子念叨"你看××多好"，不仅仅会给孩子带来负面的情绪体验，更为可怕的是，父母一旦将偶尔的口头言语行为默化为自己的评价尺度的话，也会反受其害。

从心理学上来说，在每天的日常生活中，父母都会经历着一些程度较轻或较重的情绪反应，例如：享受亲子关系和谐的快乐、欣赏孩子良好行为的愉悦、亲子言语间冲撞的愤怒等等。人们情绪体验有时会包含认知的成分：对事件意义的理解和评价促使人产生感受。所以，当父母对孩子的评价经常落入一种固定的窠臼时，他们也会不自觉地产生一种相类似的情绪体验，总是念叨"你看××多好"时，父母就是一而再再而三地提及孩子的不足和弱点，就像身体的伤疤一样，一次次被揭开。因此，伴随着"孩子不如别人"这样的评价认知，父母难免会产生"失望、失落、难过、生气、焦虑"等负面的情绪体验。这样的负面情绪不仅会影响父母教育孩子时的心境，更会影响自身的心理状态，有时会对自己的育儿方法、育儿水平产生一定的怀疑。

从上可以看出，"你看××多好"是一句令无数孩子讨厌甚至于极度厌恶的碎碎念，它将孩子永远置于弱势的地位，而且如影随形。既然，这样的碎碎念多说无益，在日常生活中，父母还是要从自身做起，极力改变这样的言语细节。

第一，从言语习惯的改变到思维习惯的改变。

为了避免家庭教育对孩子产生不良的负面效应，父母必须要改变这样的碎碎念言语细节。改变必须从父母自身做起，最直接最有效的方法就是，改变自己的言语习惯，管住自己的嘴巴，对着孩子尽量少说"你看××多好"。

行为的背后是观念。父母之所以会时时念叨"你看××多好"，一方面是言语的习惯，更重要的是他们自身的教育观念。如果父母克服不了拿自家孩子弱点去对比别人家孩子优点的思维定式，他们就不可能避免这样的言语行为。所以，改变这样的碎碎念，关键是父母要更新教育观念，改变爱比较、喜揭短的思维习惯。当然，思维习惯的改变是一个长期的过程，不是一时半会儿就能达成的。也许，父母刚开始学习改变的时候，需要更多的毅力和长期的坚持。

第二，适时展现孩子的闪光点比揭示孩子的弱点更重要。

正是因为与孩子朝夕相处的这份熟悉，让父母有了足够的时间去了解自己的孩子。但很多时候，父母只愿意去念叨"你看××多好"，在与别人比较的过程中揭示孩子的弱点所在，而不大愿意花更多的语言去赞美孩子、表扬孩子。

父母很少赞美孩子，有多种原因。一种是父母不会赞美，不懂得适时鼓励；还有一种则是，在父母眼中自己的孩子根本就没有值得赞美和表扬的地方。因为他们评价孩子的视角总是批判性、质疑性的，一些值得鼓励和赞扬的行为表现也会在父母高期望式的压力下被看做是孩子的不足。其实，父母要学会换一种角度看待自己的孩子，学会欣赏孩子，学会发现孩子身上的闪光点，这个远比时时提醒孩子这里不好、那里不好的效果好得多。

4. 我都是为了你好

> 家庭教育碎碎念：
> 父母最擅长的就是以爱的名义对孩子套上各式枷锁。

"我都是为了你好"也是中国父母在日常生活中经常会对孩子碎碎念的内容之一。它与"快点""认真点"这样的言语不尽相同，而"快点""认真点"这些言语更多是父母所下的一种行动指令，而"我都是为了你好"出现的情境更多的是孩子不愿意配合父母的指令。此时，父母往往会说出这句口头上的劝解语。

孩子不愿意听从父母的状况在生活中其实是很常见的，比如孩子不愿意学乐器、上某个兴趣班；不愿意吃某种食物，或者只吃肉不吃蔬菜；不愿意多写作业、多做各种各样的练习题……尽管，它不是直接的行动命令，看似不具有明确的行为指向，但却隐含着父母不容置疑、不容商榷的要求，让孩子不得不从。

父母在生活中常常念叨"我都是为了你好"，是出于什么样的目的呢？细细考量，笔者认为以下二点是我们不得不提的。

第一，父母喜欢为自己的教育要求披上合理的外衣——爱。

探寻父母"我都是为了你好"碎碎念的第一个原因，我们不得不提为人父母那发自内心的爱。众所周知，这个世界上，有一种爱，亘古绵长，无私无求；不因季节更替，不因名利浮沉，这就是父母的爱！对任何一个父母而言，他对自己的子女都饱含着深深的父爱或母爱。正是出于这份自然的爱，父母开始了"我都是为了你好"的碎碎念，以此表明自己教育要求的合理性。因为，在他们的思维逻辑中，爱孩子等于对孩子提一切要求："我爱我的孩子，所以我希望孩子一切都好，那么我对孩子提出各种要求，是多么理所当然啊！""我爱你，我不会让你吃苦头的，所以你要听我的呀。"……

我想，没有人会否认父母对子女的这种深沉而无私的爱，但这样的爱在父母"我都是为了你好"的碎碎念中却成为了父母胁迫孩子听话的一种武器。爱成为了一切事情的理由，出于回报父母的爱，孩子就需要无条件放弃自己的想法和兴趣，乖乖听从父母的要求和安排。

其实，我们无权去指责父亲或者母亲对子女的爱，它是自然的爱，就如流淌在每一个父母身上的血液，人人皆有，抹杀不去，但我认为，父母们在育儿过程中更需要展示精神性的爱，对孩子实施一种智慧之爱。切不可以爱之名义，时时念叨"我都是为了你好"，让孩子一味地听从自己。

第二，父母教育子女最擅长的利器——父辈经验。

父母在碎碎念"我都是为了你好"时，往往还隐含着一种"我的人生经历比你多，自然懂得比你多"之意，因此父母认为，自己从经验判断出发而形成的父母教育命令，子女最好乖乖听之从之。

社会学研究表明，家族历史和父母对自己的学业经历的体验，都决定着父母对子女教育所持的态度和所采取的教育措施。例如，一度成为社会热点话题的"虎妈"，由于她的父母都是美国移民，"虎妈"和三个妹妹均在美国中西部长大，父母对她们的教育非常严格：每天下午都要演算数学、练习钢琴；从不允许她们到朋友家过夜；成绩通知单上一定要全A这样的完美无缺表现。……因此，"虎妈"在教育自己两个女儿时也是高度沿袭了"父辈经验"，要求两个女儿在做人做事上，坚持自己父母曾经给予自己的各种信条，甚至在某些做法上有过之而无不及。

有些父母总是抱着"我吃过的盐比你吃过的饭多、走过的路比你走过的桥多"这样的观念，在父辈经验和自身教育经历的影响下，以爱的名义对孩子进行教育。他们往往容易走入以下两个误区。

一是父母把自己曾经的失落带入家庭教育，抱有补偿心理。很多年轻父母回首自己的教育经历，对父母教育自己的一些行为和事件会"耿耿于怀"，对父母没有达成自己的理想还会"念念不忘"。于是出于一种强烈的补偿心理，将自己失去的爱、理想、目标等都寄托在孩子身上。所以，他们在念叨"我都是为了你好"时，希望孩子听从自己的要求，孩子的成长不要走自己的老路。

二是父母过多强调自己的孩子要更加出色，怀有虚荣心理。很多年轻父母回首自己的教育经历，往往对自己经过不断努力取得的成功心怀喜悦，不自觉地将自己作为孩子成长的标杆，我们会经常听到父母说"老爸小时候数学好得很，你数学怎么这么差""我是复旦大学毕业的，女儿至少也得交大毕业吧"这样的话。所以，这些父母在念叨"我都是为了你好"时，是有一种沾沾自喜的骄傲之气，希望孩子听从自己的要求，一定要青出于蓝而胜于蓝。

如果我们认定"我都是为了你好"这样的碎碎念，基本属于父母教育子女时的劝诫语，那这种劝诫的效果到底如何呢？大多数的孩子会用他们的实际行动告诉我们，他们对父母的这句话是多么的反感。

孩子会有被爱的名义所绑架、不被尊重的感觉。

本来，父母爱孩子天经地义，是自然之爱。但这样的爱如果成为所有事情的理由，则就是不理智的爱了。父母以爱的名义对孩子时时念叨"我都为了你好"，只会让孩子产生被爱的名义所绑架、不被尊重的感觉。因为，父母以爱之名，对孩子说教，从父母角度来说，他们认为自己代表了孩子的利益，从最利于孩子成长的角度，给孩子适当的指导、指引。

但我们不能忽视的是，父母以爱之名对孩子的要求和劝诫，并没有考虑孩子自身的需要和兴趣，因此这样看似合理的、爱孩子的体贴举动在孩子眼里却是最最可怕的专断和暴政。对于一些合理要求,孩子有时候还能勉强接受,但一些不合理的要求,仍就冠以爱的名义,让孩子无条件服从,不免会让孩子心存怨恨。

在父母的碎碎念中孩子会反感与叛逆,会挑战父母的权威。

如上分析,父母出于一种强烈的补偿心理,将自己失去的爱、理想、目标等都寄托在孩子身上。可父母以爱的名义强加的这些理想、目标却不一定是孩子所想追求的,结果往往是逼迫孩子顺从大人意志,引起孩子反感与叛逆。父母为了自己的"面子",让孩子严格遵循自己的成长足迹去发展,会使孩子渐渐失去信心。

当"我都是为了你好"这样的碎碎念在亲子对话中频繁响起,其实也是父母不考虑孩子的兴趣与需求,强迫孩子照着自己的要求去做时,很多孩子会从无声的反感走向有声的对抗,以自己的知识挑战父母的权威。在信息化日益发达的现在,孩子早已经先于父母成为数字时代、信息时代的原住民,他们会不屑于父母的过往经验,以自己接触的信息挑战父母"我都是为了你好"的劝诫理由。在他们看来,父辈的经验早已过时,他们以爱的名义强加的要求根本不适用于自己生活的时代,他们会对父母之命置若罔闻、听之任之,甚至于产生激烈冲突与对抗。

"我都是为了你好"这样的碎碎念,除了会引起孩子的反感外,从长远来看,也未必能收到父母们预期的效果。

案例 4.1　我早就不摸琴了

我小时候有个邻居家的孩子从小学钢琴,那还是二十多年前,1 元钱就可以吃一顿丰盛早餐的年代,谁家买了钢琴,绝对是有文化有涵养的书香门第。这个小姑娘天资聪慧,在妈妈的陪读下日日练习,早就过了 10 级。可上次见到她时,她告诉我早就不摸琴了。考级、让妈妈满意、考大学加分,是她当年刻苦练琴的唯一动力,既然证书已经拿到,而且在这个人人都有10级证书的年代，大学录取也不会因此而受优待，所以现在看到钢琴想到的就是当年的苦，对音乐本身早已无感。①

案例4.1中的父母，为了孩子好，从小花了"大钱"让孩子学钢琴。孩子在"考级、让妈妈满意、考大学加分"的"高压"下，虽说早就考过了10级。但成年后的她，却一点儿也不想弹琴，根本不去摸琴。因为钢琴只让她联想到当年的辛苦，并不能激发起对音乐的热爱向往。

"我都是为了你好"虽然不似"认真点"等言语那么的直白，但同样是对孩子的一种禁锢，让孩子在爱的名义下去遵循父母之命。父母在念叨时，潜意识中将孩子视为不懂、不会的小屁孩，孩子要乖乖听从建议和要求，否则"不听老人言，吃亏在眼前"。

少说这样的碎碎念，关键还是父母要从观念上做出根本的改变。

第一，父母要切记，爱不是一切要求的理由。

作为父母，在家庭生活中应该尽量少去用"我都是为了你好"来要求孩子，尤其是面对孩子不愿意配合的情形时，这样的言语绝对不是说服孩子的良方，因为父母的爱不能成为一切要求的理由，以爱之名只会让孩子反感、厌恶和叛逆。

一般而言，大家都熟知父母对子女的爱，是无条件的、不求回报的。但父母如果以爱的名义强加孩子做他并不愿意做的事情时，爱就成了父母的条件，成了父母胁迫孩子听命于自己的武器，自然也会成为孩子生命成长的枷锁。

第二，沿袭父辈经验不盲从，不照搬照抄。

现在很多父母在育儿过程中，其实或多或少都受到父辈经验的影响。据报载的一次育儿情况调查显示，1310位家长中曾读过儿童心理学、青少

---

① 丁丁. 要不要送孩子上美术班[N]. 中国教育报，2017-12-20.

年教育等方面书籍的家长仅占 8.0%；曾旁听过家教讲座的不足 10.0%；58.1% 的家长偶尔通过报纸、电视等媒体了解家教知识；23.4% 的家长根本没接触过任何家教知识。显然，很多家长的育儿处于被动接受或盲从状态，凭借父辈经验来教育孩子的不在少数。

其实，每一个孩子都不是大人的简单复制，他们的性格特点、行为习惯都与父母有着巨大的差异，爱孩子绝不能仅仅是沿袭父辈经验随意教育孩子，需要父母学习为人父母的知识和技能。年轻的父母应该学会有意识地审视父辈经验，反思自己的体验感受，从中吸取在新形势、新情况下依然有益的成分，更好地为自己所用。

5. 我跟你讲话，你听不见啊

> 家庭教育碎碎念：
> 沉默有时是一种漠视，有时是一种无声的反抗。

家庭生活中，父母也会时常抱怨孩子不听话。尤其是，面对孩子不回应、不搭理的情形时，父母不免会念叨几句："我跟你讲话，你听不见啊？"

这样的父母碎碎念，基本上不属于父母对孩子在教育方面的指令、命令，更多时候是父母一种负面情绪的表达，通俗来讲就是父母的抱怨、不满的言语。生活中，孩子不回应、不搭理父母的情境还是会经常出现的。比如，孩子目不转睛地在看精彩的电视节目、孩子沉浸在网络世界、自顾自拿着手机上网聊天、或者干脆无缘由地不搭理父母等等。

当父母常常念叨这句碎碎念，并抱怨孩子不理睬、不合作的时候，我们应该根据亲子之间的具体情况加以区别对待。有些时候，父母的抱怨的确是言出有物，而不是无中生有，这大多由孩子对待父母的态度不佳所引起；但也不可忽视，有些时候问题根源在父母，是他们对孩子的误读和不理解造成了父母自身碎碎念的失落。具体而言，有以下几个情况。

第一，孩子不愿意和父母交流，不愿意说出心里话。

面对父母主动发起的亲子沟通，很多孩子会不屑一顾，甚至置若罔闻。在一些孩子眼中，对父母的一些言语不做过多的回应，总好过与父母顶嘴、争论或者吵架。为什么孩子们会对父母的言语充耳不闻呢？总的来说，孩子大多认为，父母与自己的交流毫无营养，对他们提不起一点说话的兴趣。细细分析，这里面很多问题来自于父母。

一方面，父母只按照自己的逻辑、兴趣说自己的话题。

在中国的教育传统中，"听爸爸妈妈的话"是一个长期得到父母认可和坚守的育儿原则。父母总是以大人自居，总认为孩子小，不懂事，听话是孩子的第一要务。因此，孩子只要按照父母说的去做就可以了，他们不会主动去倾听孩子的心声和想法。父母总是武断地把自己的想法强加给孩子，让孩子一定要服从自己的价值观。比如，"你这次必须把饭吃完""这个练习怎么可以错这么多，必须要重做""学钢琴的孩子太普遍了，还是学学小提琴等冷门的乐器为好"。当父母说出这些话时，往往是成人主导儿童意识的流露。有时候，他们根本就不考虑孩子具体的性格特征，以及当时的心理情绪，也根本不把孩子的想法作为考虑因素。孩子没有反抗的能力，只能服从了。长久如此，孩子渐渐在父母面前就不爱说话了，因为说了也没有用，父母再想和孩子沟通就很难了。父母与孩子沟通时，他们的关注点往往比较狭隘，大多集中在孩子的学习生活、身体健康等方面。一般而言，"考得怎么样"和"你要吃点啥"是父母询问孩子的常用语。在孩子眼中，父母说来说去的就是学习、作业、考试这些父母最关心的话题，而他们的兴趣爱好、他们的生活烦恼是父母鲜少关心的。

另一方面，父母教育孩子图省事，不了解孩子的内心世界。

在中国的父母眼里，孩子永远是长不大的。因此，父母对孩子的关心和照顾是无微不至的，甚至是包办代替的。有些孩子内向敏感、天生话就不多，当这些孩子在外人面前不知道如何说话的时候，父母出于自身颜面需要，会对孩子加以言语上的批评："你怎么都不说话的呀？""不要怕难为情，叫叔叔阿姨啊！"有些孩子尽管外向但在很多场合下说话会没有头绪，父母在不知道孩子要表达什么意思的情况下，就会自以为是、先入为主，甚至越俎代庖，把孩子的话打断，批评孩子，指责孩子，剥夺孩子表达的权力。其实，无论哪种情况，孩子的自尊心都得到了严重的伤害。长久以往，孩子会慢慢关闭心灵的大门，再也不愿意和外人沟通，再也不愿意和父母说心里话。

第二，父母对孩子的话不关心、不回应，形成了恶性循环。

父母是孩子在生活中最亲近的人，因此，无论是开心还是烦恼，孩子肚子里有话都是第一时间去对父母倾吐。当孩子说给父母听时，父母的反应会因人而异。有时候，大人因正忙于自己手头上的事情，对孩子的话爱理不理，或者听了一会儿觉得孩子的事情无关轻重，就草草几句敷衍一下把孩子打发走了；有时候，孩子年龄尚小、口头表达能力不佳，经常会说一些让父母不太理解的话，或是唠唠叨叨中也没有能够表达清楚自己想要说的内容，这个时候父母不愿意耐心仔细地听孩子讲清楚事情，对孩子也是一种负面的回应和影响。面对孩子主动发起的言语沟通，不管事大事小，都需要父母放下一切事情坐下来好好地听孩子说。否则，孩子就是父母的一面镜子。长此以往，父母对孩子的话不关心、不回应，一定会形成恶性循环，并反射到孩子身上。再往后，就轮到父母要常常对孩子不自主地念叨"我跟你讲话，你听不见啊"了。

第三，"屏幕族"孩子缺乏与父母的良性互动。

随着网络时代的日趋推进、信息技术的日益更新，智能手机、平板电脑也越发成为平常物，成为一般家庭生活的基本配置。越来越多的人在生活中离不开手机、喜欢长时间盯着屏幕，有一个专有名词即"屏幕族"就是来形容那些长时间低头盯着屏幕的人。"屏幕族"中孩子也不算少数。这类手机和电脑，以屏幕为操作界面，以手指挥动为操作方式，对于孩子而言操作也一样简单。再加上各式各样丰富多彩的应用软件，让充满好奇心和探索欲的孩子对于手机和电脑会有一种天然的喜欢。

在家庭生活中，如果孩子也喜欢"屏幕"，无论是传统的电视屏幕，还是现在流行的手机屏幕、平板屏幕，当他们沉浸在屏幕世界中时，父母有时候要跟孩子们说上几句话真是一件非常困难的事情。曾经有新闻报道，某日全家聚餐，难得看到孙辈的爷爷奶奶心心念念想着要和孩子们说说话，结果孩子们全都草草吃完饭，人手一部手机低头在玩，不说话也不搭理人，令爷爷奶奶非常难过和生气。

因此，在家庭生活中，父母避免"我跟你讲话，你听不见啊"类似的抱怨，首先是要从自身做起，改变自己的一些行为。

第一，要让孩子听你的话，你首先要说孩子听得懂的话。

沟通本身就是一个双向互动的过程，良好的沟通离不开沟通双方的投入。任何一方游离于沟通之外，沟通的效果肯定不佳。同理，亲子沟通要让孩子听父母的话，父母首先要说孩子听得懂的话，这是良性沟通的基础，否则就会出现孩子爱理不理的情况。说孩子听得懂的话，那父母一定要走进孩子的内心世界，了解孩子的喜好、兴趣、烦恼和痛苦，用儿童的视角与孩子平等对话。而不是处处以大人自居，对孩子主动发起的交谈不屑一顾、先入为主，甚至越俎代庖，随意把孩子的话打断，指责孩子，剥夺孩子表达的权力。

第二，面对孩子主动发起的对话，你必须要给予及时的回应。

俗语说，孩子是父母的一面镜子，你如何待他，他就如何待别人，包括父母。如果父母希望自己对孩子说话不是像对空气说话那样，那么你们就必须从自身做起，当孩子主动发起对话的时候，要给予孩子及时的回应，无论你们是否正在专注于某件事情。请你们放下手中的活，脸朝向孩子、眼睛看着孩子，专注地听他对你讲的每一句话。你尊重孩子，孩子以后一定也会非常尊重你。

第三，多陪陪孩子，丰富孩子的家庭生活。

避免孩子成为"屏幕族"最好的方法，就是父母在生活中多陪陪孩子，而不是一忙起来就丢给孩子一个平板电脑，让平板电脑充当孩子的电子保姆。电子保姆尽管可以让父母得到暂时的安宁,却无形中助长了孩子很多的坏习惯。陪伴孩子,重要的是陪孩子一起玩耍,而不是整天让孩子围绕着学习,天天沉在题海中做简单枯燥的作业。

二、主动教育细节

众所周知，家庭教育是家庭中父母对子女有意识、有目的施加影响的过程，同时也是父母与子女在日常生活中的一种沟通、互动的过程。因此，有意识的培育和无意识的影响都是父母的家庭教育。

随着父母受教育程度的不断提高，他们对子女教育的关注度也在不断提升。他们认同科学育儿的先进理念，会主动寻求并接受各类育儿知识。在科学养育精神的观照下，父母对子女的教育越发凸显计划性、目的性。有意识的培育在家庭教育中的比例越来越大，父母会给孩子做详尽的教育计划，将孩子的每天、每周、每月乃至每年都安排得丰富多彩、井井有条；会注重自己的言行，引导孩子学习、品行、习惯等各方面的发展。

(一) 目标的确立

研究人员和实际工作者早已认识到制订个人目标的重要性。美国马里兰大学的早期研究发现，明确的目标要比只要求人们尽力去做将产生更高的业绩，而且高水平的业绩是和高的目标相联系的。

父母的主动教育行为中，一定离不开给孩子做规划、定目标。成人会从自身的学习、工作经历出发，早早帮助孩子做好生活计划，树立远大理想，同时也会帮助未成熟的孩子将大目标化解为分阶段的小目标。所有的这些支持对于未成年人来说都是一种有效的激励和督促，帮助孩子们应对每天的生活与学习。

6. 帮孩子种梦想之树

> 家庭教育碎碎念：
> 不管是自信的孩子，还是自卑的孩子，只要有梦想，再普通的孩子，也有实现梦想的机会。

周星驰的电影《少林足球》中，有一句经典的台词："做人如果没有梦想，跟咸鱼有什么分别？"父母们培养孩子，不能只顾现在是否吃饱穿暖，而是当立足长远，放眼未来，帮助孩子在心底种下梦想之树。美好的梦想，是对诗与远方的向往。有了梦想的孩子，总会有点不一样，总是会多一些机会活出精彩的人生。因此，在家庭教育中，父母不仅要教育孩子好好做人、脚踏实地、勤奋学习，还要引导孩子规划和设计未来的美好生活。

案例6.1　给孩子从小树立梦想

有一位普通的韩国妈妈，孩子3岁以前，她因身体不好对孩子都无法尽心照看，常常是她躺在床上睡觉，孩子自己在旁边玩。康复后，她又外出上班，仅是在一家小公司做小职员。她的儿子远翔也不是天才儿童，甚至尿床到六年级。

可这样一位没有受过大学教育的母亲，却很在意孩子的成长。她的方式不同一般，她没有让远翔参加课外班、特长班，而是让他从小玩到大。她有意促动孩子多读课外书，通过对孩子的启发、鼓励，帮助孩子树立人生目标。在遭遇韩国金融危机的形势下，夫妻二人砸锅卖铁地供孩子去英国读书。远翔顺利毕业后进入英国银行，从事自己一直想做的投资工作。在总结自己的育儿经时，朴贤秀说，在怀孕的时候，她就下决心要把孩子培养成"引领世界的精英"和"驾驭幸运的人"。

她的秘诀是，给孩子从小树立梦想，父母再不断地用"话语祝福"，帮助孩子不忘梦想，并愿意为之奋斗。这是任何一个阶层的父母，只要想做都能做到的事情。[①]

案例6.1中的母亲，只是一位没上过大学的普通母亲，她的孩子也是一位普通的孩子。家境一般，孩子天赋普通，再加上父母也是普通人。按照大多数剧本的发展，孩子从小得不到好的教育，长大以后也难以超越父母，跃迁为社会精英，或是过上中产阶层的生活。但案例中的母亲的不平

[①] 辛上邪. 寒门难出贵子？全世界都一样！但有个例外……[EB/OL]. http://wemedia.ifeng.com/7986844/wemedia.shtml.

凡之举在于，从小帮助孩子树立正确的人生目标，并且通过启发、鼓励等方式不断地强化，以及"砸锅卖铁地供孩子去英国读书"，最终帮助孩子"不忘梦想，并愿意为之奋斗"。正是因为有了矢志不渝的美好梦想，即便是案例中再普通不过的孩子，那位"甚至尿床到六年级"的平凡儿童，最终也使"剧本"朝着自己设想的方向发展，即"毕业后进入英国银行，从事自己一直想做的投资工作"。

案例6.1描述的是"鸡窝里飞出金凤凰"的故事。它给我们的启示有很多，其中重要的一点是，父母要正确引导孩子从小树立长远的人生梦想。分析其教育行为细节，有几点值得我们思考和借鉴。首先，是引导而不是强迫孩子树立梦想。"引导"是一种积极的主动行为，说明父母考虑孩子的感受，在树立梦想时充分尊重孩子的意见。其次，帮助孩子树立正确的，而不是不切实际的梦想。孩子可能有许多面对未来长远的梦想，其中有不少是不切实际的。对此，孩子自己可能无力辨别，这就需要父母把关，帮助孩子挑选出正确的、可行的梦想。最后，通过精神上的鼓励、物质上的支持，帮助孩子一步步实现梦想。孩子实现梦想，离不开父母的鼓励和支持。案例中的父母"砸锅卖铁地供孩子读书"殊为不易，不断地用"话语祝福"更是难能可贵。

在现实生活中，有不少生活条件普通，甚至贫寒的父母，对孩子的未来发展寄予厚望，不遗余力地要求孩子"飞上金枝"。但遗憾的是，他们在帮孩子树立梦想时，用错了方法，走错了路。案例6.2描述的就是这么一个小故事。

案例6.2　只要孩子将来有出息

我曾经教过一个学生，父母都是残疾人，对于孩子的父亲来说，上有一个老母亲下有两个小孩，妻子因患小儿麻痹症丧失劳动能力。一家人的生活就靠国家每月几百元的低保补助，和自己修三轮车微薄的收入维持。

但就是这样的父亲，望子成龙心切，他把所有的希望都寄托在孩子身上，希望有一天孩子能出人头地，于是让孩子学钢琴、上补习班一样不落下。

有一次我去家访，看到他家里一贫如洗，几乎没有一件像样的家具，更不用说电器了。看到这样的条件，我忍不住问父亲，你为什么让孩子报那么多培训班，你知道这样要花多少钱吗？父亲却坚定地说："我小时候就是因为没好好读书，所以没考上大学，我绝不让我的孩子将来也像我一样生活。只要孩子将来有出息，花再多的钱我都愿意。"

听了父亲的话，我不知道该怎样回答。后来我问孩子说："你父亲这样辛苦送你上补习班学钢琴、学画画，你开心吗？"出乎我的意料是，孩子觉得并不开心，因为那些补习班并不是他自己喜欢上的，而是父亲的选择。父亲和全家因此也过得十分辛苦，如果他学得不好，没有达到父亲预期的效果，他会因此遭到父亲的打骂，所以压力十分大。试想，在这样的压力下，孩子到底有多少快乐呢？

如今，几年过去了，孩子并没有比别的孩子能力强多少，但是他们的家还是一如既往的贫穷。很难想象当有一天孩子没有如父亲所愿时，父亲会是怎样的失落，孩子将会有怎样的愧疚感、失败感，从此埋下心理疾病的种子。①

案例 6.2 中的父亲，用心是好的，希望孩子将来有出息，能够出人头地。父亲的"理想很丰满"，不过，他不懂孩子的心理，没有与孩子平等地沟通，而是想当然地认为，只要省吃俭用，让孩子"学钢琴、上补习班"，孩子就会自然而然地树立远大的人生目标，就会朝着梦想努力地前行。但他没有想到的是，"骨感的现实"无情地告诉他事与愿违。他给了孩子太大的压力、太多的责任，他把改变家庭命运的希望，全部放在了孩

---

① 庞兆文. 别强迫孩子去实现你自己的理想——家庭教育案例 [J]. 中华少年，2016（3下）.

子身上。而且，一旦孩子学得不好，没有鼓励，尽是打骂。相应地，孩子活在沉重的心理压力之下，失去了自我，过得不快乐，更谈不上什么正确的远大梦想。

7. 设立一个可行目标

> 家庭教育碎碎念：
> 大目标划分成小目标，一个一个完成，不知不觉就能走很远。

目标是预期的成果，是努力的方向。如果说理想是长远的梦想，是诗和远方，那么目标是近期的、前进路上的一个节点。一个个小目标的确立与达成，是实现梦想路上的一步步足迹。失去了目标的指引，就会偏离方向，就会失去前进的动力，最后变得庸碌无为。孩子成长过程中，父母要帮助孩子制订可行的、可操作的行动目标。在孩子的学习方面，亦是如此。

对孩子来讲，父母给他们设立的目标，以及相应的计划或任务，必须是相对容易的目标，必须符合他们的"最近发展区"。只要他们认真对待，就能够"跳一跳，摘到桃"，做到有质量地完成目标。当然，目标容易与否是相对的。一个目标对大人来说容易，对孩子来讲不见得容易；这个孩子可以做到的，换一个孩子可能就另当别论。

案例 7.1 孩子的英语补课目标

我的儿子从武汉转学入上海市浦三路小学，读四年级，刚来的时候，由于以前英语教学的起步晚，所以英语学科跟不上，再加上语言环境、学习环境和生活环境的不适应，他一度很消沉。

作为家长，我看在眼里，急在心里。针对他的性格特点，我和孩子充分沟通后，与他一起制订了阶段性的目标和能达到此目标的计划。

分析他的英语基础，关键在于词汇量小，语句结构不清楚，听力差。我们的目标是，争取一学期英语达到班级中等水平，重树信心。

我们采取的方式是，每天早上听15分钟英语录音；买来二、三年级的教材帮他补课，每天补一课，争取一学期把以前没学过的课程补完。

经过两个月的努力，孩子的英语水平有了明显的提高，他重新有了自信心。当然，他也看到自己的口语还不行，在课堂上发言还不积极，他已把这作为他下一步要达到的目标。①

案例7.1中的家长和儿子进行充分地沟通，帮助孩子制订了英语补课计划。在家长的帮助下，孩子提高了英语水平，重新获得了学习的信心。分析其教育行为细节，有以下两点值得我们学习借鉴。

第一，分析原因，找出英语跟不上的问题症结所在。

案例中的小男孩，因为从武汉转到上海就读，出现了英语学习跟不上班级进度的状况②，再加上对新环境不适应，对他的心理和行为影响颇大。案例中的家长看到这种情况，非常着急，但没有不分青红皂白地责怪孩子，而是保持冷静的头脑，分析英语跟不上的主要原因是"起步晚"，英语基础的不足关键在于"词汇量小，语句结构不清楚，听力差"。这样，家长就找对了问题，找准了原因，为下一步确立学习目标和制订学习计划，奠定了坚实的基础。

第二，充分沟通，制订阶段性目标和每天行动计划。

案例7.1中的家长在分析儿子英语跟不上进度的时候，就已经与孩子有了沟通。在正确分析其中原因之后，家长更是与孩子进行较为充分的沟通，听取孩子的想法和意见，制订了英语学习的阶段性目标，即"争取一学期英语达到班级中等水平，重树信心"，以及"争取一学期把以前没学

---

① 曹卫黎. 家庭教育中要重视孩子目标性学习的指导［J］. 思想理论教育，2007（4）．

② 案例中说"以前英语教学的起步晚"，估计小男孩在武汉读书时是三年级才开始学英语，而上海小学生从一年级就开始学英语了。

过的课程补完"。阶段性目标，可算得上是中期目标，非一日或几日可达成，而是需要一学期的努力。为了实现阶段性目标，他们又确定了每天的行动计划，即"每天早上听15分钟英语录音；买来二、三年级的教材帮他补课，每天补一课"。

每天的计划，或者说任务，实际上也是每天要完成的小目标。这样，阶段性目标就不是空中楼阁，而是有每天的小目标为抓手。每天的小目标，直接与每天要完成的任务挂钩。每天任务的完成，就是步步为营地朝着阶段性目标前进，就能一步一个脚印地向阶段性目标靠拢。案例7.1中的描述，印证了这一点：经过两个月努力，孩子的英语水平跟上来了，"有了明显的提高"，并且"重新有了自信心"。

总之，案例7.1中家长的做法，给我们一个重要的启示：切实可行的目标，是可以通过努力完成的目标，也可以分解成每天完成的小目标。而且，只要每天坚持，那么实现大目标就指日可待。

可行目标的反面，是"假大空"的目标，是虚高的、不切合实际的目标。一旦父母给孩子制订不具操作性的目标，那么，最后的结果肯定是事与愿违。

案例7.2 目标定的太高了

每一学期开学前，朋友都和儿子一起制订出新学期的学习目标。而每一次目标制订得也都非常全面，包括时间安排、追赶方向、提高名次等等。可是，令朋友疑惑不解的是，已经上了初中的儿子，好像从来也没完成过所制订的学习目标。让我们听听朋友的儿子是怎么说的吧："爸爸为我定的目标太高了，我根本不可能达到。"原来，朋友的儿子学习成绩一直在中游徘徊，朋友心里着急，每次都把"争取进入前十名"列在目标中，但这个要求对儿子来说，实在是可望而不可即的。①

案例7.2中的爸爸，每学期都和儿子一起制订"高大上"的目标。目标虽然很明确，实施目标的措施也很全面，但案例中的爸爸却忽略了关键的一点，即目标与孩子的实际能力差距太大。

在这里，案例7.2中的爸爸犯了急于求成的错误。固然，孩子的学习成绩不理想，令家长感到心急，家长恨不得孩子一个学期就能实现"追赶超"，做到名列班级前十，甚至是更好的名次。但是，家长却没有考虑到，孩子有没有能力实现这个目标。再细细分析个中缘由，有几点需要引起我们注意。

首先，没有分析孩子成绩不理想的原因。到底是学习不努力，还是学习方法不科学，抑或是学习基础薄弱？不同的原因，当制订不同的目标，采取不同的措施。

其次，没有与孩子充分沟通。虽然案例7.2中的爸爸，是与孩子共同制订学习目标的，但他似乎并不了解孩子觉得目标太高了。也有可能是他了解了，也不当一回事。

最后，没有吸取前面的教训。案例7.2中的爸爸，每一学期都会给孩子制订"争取进入前十名"的目标。显然，孩子已经好几个学期都没有进入前十名了。多次实现不了目标，说明这个目标是有问题的，是不切合实际的。既然如此，何不调整下目标呢？

---

① 鲁庸兴. 给孩子设个容易实现的目标［N］. 云南经济日报，2016-02-29.

8. 激发孩子达成目标

> 家庭教育碎碎念：
>
> 有了方向和目标，要坚持去做，不是因为有了希望才坚持，而是因为坚持了才有希望！

父母帮孩子设定可操作的目标之后，并不是可以一劳永逸了，还需要帮助、激励孩子实现目标。实现目标是需要付出努力的，而且还需要坚持一段时间。孩子处于爱玩的年龄，自我控制能力较差，如果没有家长的监督、帮助和鼓励，那么孩子不大会自觉自愿去完成目标。

"一分部署，九分落实。"激发孩子完成目标，与帮助孩子制订目标一样重要，而且，前者花的时间更长、精力更多。因此，父母们要把更多的精力、更大的耐心、更高的智慧，用在激发孩子实现目标的过程中来。

案例 8.1 把目标挂在墙壁上

我们在孩子卧室的墙壁上，挂了一块很大的板子，让孩子把各个阶段的目标和措施都写在上面。每当孩子实现一个目标之后，就在上面画个五角星，表明已经取得成功。同时，可以对照上面的措施，检查自己是否已经完成这些工作。这样，孩子在不知不觉间，通过每一个小小的进步，向前迈了一大步，并积累了很多经验。这一次，他的英语考级通过了，我们就实践当初的诺言，带他出去旅游。这样，他既得到了表扬认可，又获得了解社会、参与社会实践的机会。[1]

---

[1] 曹卫黎. 家庭教育中要重视孩子目标性学习的指导 [J]. 思想理论教育，2007(4).

案例8.1中的父母，为了帮助孩子实现目标，就把孩子各个阶段的目标和措施，写在一块很大的板子上，并且，把这块板子挂在孩子的卧室墙壁上。这样做的好处在于以下几点。

首先，可以让目标和措施一目了然。孩子要努力实现的阶段目标，不仅由多个不同时期要完成的小目标组成，还包括多条保障目标实现的措施。对于孩子来说，这些内容不是一下子就能记住的，而且，如果不去时时翻阅的话，很容易遗忘。而挂在卧室墙上的目标和措施，很方便见到，很直观，孩子也容易记住。

其次，可以对照措施，做到自我监督。把目标和措施挂在孩子卧室的墙上，可以以无声的方式，经常提醒孩子要去达成目标，要去完成任务。挂在墙上的措施是具体的，是逐条显示的，可以方便孩子查看，检验是否完成了相应的任务，从而实现了自我监督。

最后，可以了解进度，实现自我激励。挂在卧室墙上的目标和措施，后面有空格和留白。孩子只要完成了一定的目标和任务，就可以在相应的空白处"画个五角星，表明已经取得成功"。这样，孩子既可以了解完成阶段目标的进度，也可以给自己增加信心，激励自己更好地完成下一步的目标。

案例8.1中的父母，通过把目标和措施挂在孩子卧室墙上的方式，帮助孩子完成了一个个的目标，促进了孩子不断地取得进步。其中的一个进步是通过了英语考级，对此，父母还给予了外出旅游的奖励。把外出旅游作为奖励，既进一步肯定了孩子的行为，增加孩子完成目标的积极性，又赋予旅游新的意义，增加旅游的附加值。

案例8.1的描述相对简单，光从文字信息来分析，父母似乎将更多的时间藏在背后，默默地帮助孩子达成制订的目标。在实际生活中，父母帮助孩子实现目标，很多时候需要走到"前台"，需要面对面地与孩子交流，不断地鼓励、支持、帮助孩子克服困难，努力达成一个个目标。

案例 8.2　孩子又把蛋黄给敲破了

当孩子在为实现目标而努力的过程中遇到困难时，不可以让他轻易放弃。有一次，儿子回家说，老师让他们自己煎荷包蛋，并要求把过程写下来。记得那天晚上，我先为他演示了一遍，他满不在乎地说"简单"，于是就自己动手了，没想到一上来敲蛋时，由于力气用得过大，一下子把蛋黄也敲破了。我没批评他，让他再试了一次，但又把蛋黄给敲破了。这时他有点不耐烦了，说："妈妈，还是你敲好后我煎吧。"我没同意，让他再试，我告诉他，这是他自己要做的事，不应该由别人替代，也不应该半途而废。他没办法，只能再试。敲到第四个蛋时，他终于成功了！通过这件事，他明白了：自己选择的事，自己确立的目标，不能因为暂时的小困难就选择逃避，更不能轻易放弃。只有这样，才会使自己的能力越来越强，才会离成功越来越近！[①]

案例 8.2 中的孩子第一次尝试煎荷包蛋，在敲蛋时用力过大，把蛋黄也敲破了。母亲让他试第二次，结果还是出现了同样的问题。这时，孩子要求妈妈帮他敲蛋，自己直接煎蛋。母亲没有同意，而是鼓励他做事不能半途而废，自己要做的事自己做。于是，孩子又开始尝试敲蛋，直到第四次才终于成功。案例中妈妈的拒绝和鼓励，化成了孩子继续尝试的动力。孩子经由几次失败，终于初步掌握了敲蛋的技巧，达成了自己确立的小目标。

相关链接 8.1　激发孩子达成每一个小目标

我在儿童心理学方面的重要发现是，通过奖励的方式来帮助孩子养成良好的习惯，其实就是帮助孩子逐步达成一些学习和生活中的目标，从而使得他们获得成就感，最终养成良好的习惯，形成阳光的个性。

---

① 曹卫黎. 家庭教育中要重视孩子目标性学习的指导 [J]. 思想理论教育，2007 (4).

我在自己儿子身上也采用了这些方式。事实上我的两个儿子在学校里并非理想的好学生，而是常常带来麻烦的学生。我的大儿子非常好动，而且并不爱学习；我的小儿子在读写方面有很严重的障碍，为此接受了很长时间的训练。

我尝试为他们设立一些理想的目标，并且努力达成。只是想让他们养成一些好的学习习惯，让他们自己在生活中感觉好一点。

他们的学业都不够优秀，我也尝试为他们找一些擅长的东西。比如我的大儿子就擅长体育，尤其是橄榄球。我的小儿子就比较适合学自然和动物。

我花费了很多的心血去支持和鼓励他们。我也很辛苦地去激发他们达成生活和学习中每一个小目标。

现在我的两个儿子一个已经获得、还有一个将要获得常春藤学校的博士学位。但在很多年前，我从来没有想过会有这么一天。

我看到他们的朋友们——那些过早地被父母们监督着获得了很好成就的，要么现在人生漫无目标，要么已经从事了他们的父母们并不那么高兴的工作。

所以，很重要的是要考虑得长远些，而不是为孩子们早期没有什么成就而感到焦虑。[1]

在生活中，激发孩子达成一个小目标，贯穿于家庭教育的全过程，也伴随着孩子的成长历程。这个相对漫长的过程，对不少父母来讲，激发孩子达成一个个目标，或许就要面临一次次的挑战。尤其是面对那些"熊孩子"，父母们的内心还会有一点煎熬。但只要着眼长远，帮孩子找准目标，父母们再坚持不懈，付出真心，花费心血，那么必然会收获圆满。相关链接 8.1 描述的内容，应该能在一定程度上印证这一点。

---

[1] 维吉尼亚·希勒. 诺贝尔奖夫妇的教育经：不能只有爱没有规则[EB/OL]. http://wemedia.ifeng.com/43755511/wemedia.shtml.

9. 制订生活作息计划

> 家庭教育碎碎念：
> 凡事预则立，不预则废。

孩子的生活是丰富多彩的，学习、生活、闲暇等等各种项目占满了孩子每天的时间。孩子的生活又是忙忙碌碌的，他们忙着学校课堂上的各科学习、忙着课后参加各式各样的培训班、忙着完成大人布置的不同作业……很多孩子就像一只只旋转不停的陀螺，他们不停地受各种项目的抽打，在父母的指令和催促下去完成任务。有些孩子自觉性好、自制力强，能够较好地安排自己的学习和生活，或者基本按照父母的安排完成各种计划。而有些孩子，却会走向另一个极端，整天浑浑噩噩，基本对生活、学习没有多少概念，往往在很多关键事件上产生大大小小的差错。

案例 9.1　习惯迟到的小许

又一周结束了，我把学生进校情况登记表拿到办公室，坐下来对几个经常迟到的学生进行统计，发现小许一个星期又迟到四次。我拨通了他班主任的电话，班主任说上周才与小许谈过，也和其家长沟通过，唯一的作用是这周迟到比上周少了一次。许妈说她也没有办法，老公经常出差，母亲需要人照顾，她每天晚上陪儿子吃好饭后就去母亲家了，至于儿子什么时候学习、什么时候睡觉、什么时候起床她一概不知；而且她认为这么大的孩子应该管好自己，并且在班主任打了电话后自己也和儿子说过让他不要迟到了，为什么儿子做不到，她说对儿子说了无数次让他不要迟到也没起到作用，自己也无可奈何。再过了一个星期轮到小许班级值勤，好家伙，他来了竟然在学校长椅上睡着了……

值勤时睡觉事件发生后，我觉得应该找小许好好聊聊了。一开始他一言不发，谈着谈着他竟然哭了起来，我一下子也吓着了，心想我又没说错什么怎么就哭起来了，毕竟是个男子汉了。哭了几分钟后他擦干了眼泪对我说："老师，我也不想迟到，我也不想上课睡觉，我也想好好学习。老师，你知道我从初一到现在的四年中每天晚上是怎么过来的吗？只要听到楼梯上的脚步声我是既恐惧又充满希望，恐惧的怕是坏人，希望的是爸爸或妈妈回来了。所以晚上经常睡不下，经常玩游戏或看电视到一两点，完全控制不了自己。每天晚上草草做完作业就赶快玩游戏，一直到实在坚持不住了才上床。"[①]

这是一个高中生经常迟到的案例。作为一个高一年级的学生，案例中的小许将迟到当成了家常便饭，更为严重的是，一个接受过幼儿园、小学、初中教育的孩子，在长久的学校教育和家庭教育的教导下，他居然还没有形成良好的生活习惯：他不能够按照时间节点做事；他不会合理安排自己的生活和休息。总之一句话，他的生活没有正常的规律和合理的节奏。

案例中父母对孩子疏于管教和照看，本身教养失责和不作为，是造成小许同学频频迟到的直接原因。但追根溯源，是小许同学从小没有养成良好的生活作息习惯，也没有在生活、学习中逐步形成合理分配时间、适当任务计划的思维习惯。这不仅影响到他的日常生活，还深深影响他的学习和今后的工作经历。我们相信，天下没有哪个父母愿意自己的孩子在成人之后，还是一个在生活中会经常迟到、做事拖拉、工作没有一点计划性的鲁莽小孩子。

改变不良生活规律，形成良好的生活作息习惯，父母应该从娃娃抓起。

[①] 本案例由上海市中原中学张小莉老师撰写。

第一，制订"时间作息表"，让孩子习惯规律性的生活。

孩子良好的生活习惯之一，可体现在孩子有良好的时间观念，不仅有"珍惜时间"的节约观念，也要有"到什么时间节点做什么时候事情"的序列观念。有些孩子做事拖拖拉拉、学习磨磨蹭蹭，娱乐游戏时间有时则会被无限拉伸延长。有些孩子习惯浪费时间，也往往把自己陷入学习、生活一团糟的泥淖。对于独立性较差的孩子，父母从一开始就可帮助孩子制订"时间作息表"。这样的"时间作息表"，时间跨度灵活，既可以是一天，也可以是一周、一个月，甚至是一个假期或者一整年。制订"时间作息表"的目的，是帮助孩子学会把一定时间跨度内的生活进行合理的时间分配，形成一定的生活秩序，养成规律的生活。比如，对于幼儿园的孩子来说，通过"时间作息表"的制订和执行，养成孩子按时起床、吃饭、游戏、运动、睡觉等好习惯，为后期的小学生活打下良好的基础。

第二，学会"时间统筹法"，让孩子养成合理安排任务的习惯。

现在的孩子，每天有很多的任务需要他们去完成。各科各类的学习、兴趣培养的训练、强身健体的活动等等，事情一多，不会对任务进行合理安排的孩子往往会顾此失彼，感慨事情太多、时间太少。其实，鲁迅曾说过，时间就像海绵里的水，只要愿挤，总还是有的。如何节约时间，挤出更多的时间用于有意义的事情；如何合理安排各项任务，让每一项任务及时而有效地加以完成。父母不妨让孩子学学"时间统筹法"，养成合理安排任务的习惯。

"统筹法"是由著名的数学家华罗庚老先生所创，是一种合理安排工作进程的数学方法，即要在尽可能节省人力、物力和时间的前提下，努力争取获得在允许范围内的最佳效益。时间统筹，则是要把时间最优化。以准备一顿包含鸡蛋、馒头、小菜和米粥为内容的早餐为例。一位妈妈，先把馒头放在笼屉里和水一起热上，然后淘米；在等水开的时候，把切好的蔬菜凉拌了放入盘里；水开了以后，把米放进锅里。差不多粥熬了一半的时候，把洗干净的鸡蛋放入粥里。就这样大约 20 分钟的时间，一份简单的早餐就做好了。而另一位妈妈操作顺序则截然不同，她是先淘了米，然后热水，等水开了后，再把米放到锅里，等粥熬好以后，才开始切菜，等凉菜拌好后，就又开始热水蒸馒头，等馒头蒸热后，又把鸡蛋煮上……同样的做饭内容，所有的人都应该能料想得到，第二位妈妈会花费更多的时间。

可以看出来，同样的任务，不同的操作顺序和流程导致不同的效果。凡事预则立，不预则废。计划性、秩序性和优化性应该是每一个孩子都应该从小学习和培养的思维习惯。这样的习惯一旦形成，孩子在面对学习、生活中的各种复杂任务时，会更轻松、更容易。比如，随着年级的不断升高，孩子的作业任务也会不断加重，陷入手忙脚乱、疲于应付的境况。父母应尽早教会孩子时间统筹法，学会自我计划、合理设计、优化秩序，而且在过程中充分利用各式各样的"碎片化"时间，背背英语单词、看看课外书籍等等，将学习管理得有序而有效。

第三，"时间作息表"一定是父母和孩子共同执行的蓝图，而不单单是约束孩子的武器。

最后，不得不提醒我们的父母，孩子生活的基础环境一定是家庭。因此，孩子学习生活的规律一定是来自于家庭生活的规律。试想，在一个生活极度不规律的家庭，要想让孩子尽快养成时间观念、形成良好作息时间，是一件相当困难的事情。

父母是孩子的一面镜子，在生活作息、时间分配方面更是如此。父母要和孩子共同商量并制订"时间作息表"，而且这样的计划表格最好由两部分组成，既有约束孩子的部分，也有提醒父母的部分。此外，这样的工作"蓝图"需要父母与孩子共同遵照执行，切忌成为父母单方面拿来约束孩子的武器。

（二）习惯的养成

《辞海》对"习惯"的解释为"由于重复或多次练习而巩固下来的并变成自身需要的行为方式"。通俗地讲，习惯就是自动化的行为动作的需要。日常生活中，每个人会表现出各种不同的习惯，如生活习惯、学习习惯、礼仪习惯、思维习惯等。养成良好的习惯，对一个人的生活、学习乃至工作都会有长远和深刻的影响。由于孩子的生活基本围绕学习展开，因此父母格外看重学习习惯的培养。其实，对于如白纸一样的孩子而言，父母在生活中要教会孩子养成各类好习惯，而不单单是学习习惯。各类习惯之间也会相互影响，产生叠加、综合的影响。譬如，很多好的学习习惯都是从孩子生活、游戏中移植过来的。因此，没有好的生活习惯为基础，好的学习习惯也就无从谈起。此外，父母也往往会关注孩子显性的行为习惯，而忽视那些隐性的思维习惯。相对行为习惯，这些蕴藏在生活中不易察觉的思维习惯，对孩子的生活和学习有更为深刻而长远的影响。

10. 用什么代替闹铃声

> 家庭教育碎碎念：
> 一日之计在于晨，一日之乐也蕴于晨。

当孩子慢慢长大，当他们也需要开始一天的学习生活的时候，"起床"

就成为父母每天必做的功课了。孩子能否按时、顺利地起床,有时影响到孩子是否能在家吃一顿健健康康的早餐、顺顺利利地准时上学,甚至会因为起床而产生家庭的争吵、矛盾甚至冲突,影响到一家人一天的好心情。

案例 10.1 孩子起床晚的烦忧

家住开元名都的沈女士有一个烦恼:"为祝贺儿子荣升为一年级小学生,家里还特地买了一个闹钟,是他自己挑选的款式,没想到现在基本就成为了摆设。"沈女士无奈地告诉生活刊记者,除了双休日,家里现在每天早上都在进行一场"起床拉锯战"。"他学校正好跟他老爸的单位顺路,但他爸说早晨是绝对叫不起他的,为这事天天跟我发脾气,说我在孩子上幼儿园时就太纵容儿子了,害得他现在每天都要用武力让儿子起床。"[1]

也许,如案例 10.1 中一样,我们的家庭每天也在上演着"起床拉锯战"的剧情。通常,"闹钟一个劲地在响,孩子还在呼呼大睡""父母几次三番去叫醒、拖拽孩子""孩子迷迷糊糊中答应起床,可父母一转身又照睡不误了"……这些基本都是"起床拉锯战"的一些必要桥段。有些"起床气"特别重的孩子,在被父母叫醒后还会发一通脾气,阴沉着脸不肯自己好好穿衣服、乖乖吃早饭。

为了让孩子每天清晨按时起床,父母除了前一天晚上让孩子按时入睡、保证一定的睡眠时间和睡眠质量之外,也可以在起床这一环节花点小心思、动点小脑筋。比如"让音乐(故事)代替闹铃声"就是个相当不错的细节改进,无论从科学性、教育性上来说,都有深层次的意义。

第一,用"好听的声音"唤醒孩子,一天都有好心情。

孩子在大多数时间里,并不是睡到自然醒,而是靠闹钟的铃声、大人的"叫醒服务"把他拖出梦乡的。无论是刺耳的闹铃声,还是父母的提

---

[1] 如何让孩子在愉快中起床[EB/OL]. http://news.ifeng.com/a/20140917/42003914_0.shtml.

醒、摇动，孩子这个生命体在睡眠过程中都属于猛然醒来的状态。猛然醒来带来的后果之一是"睡眠惯性"①。科学家发现，醒得越猛，睡眠惯性越大。尽管我们感觉自己清醒得挺快，很轻松就从睡眠模式转换到了清醒模式，但实际上，这是个循序渐进的过程。我们脑干中的觉醒中枢（脑干是负责基础生理功能的脑组织）几乎瞬间被激活，但我们的大脑皮层区域，尤其是前额叶皮层（与制订决策和自我控制有关的大脑部分），却需要多花一点时间才能启动。

不让孩子在睡梦中靠外力猛然被唤醒，而是在一种轻松愉快的方式下自我逐步醒来，应该是符合科学规律的一种合理做法。父母们，我们何不尝试着用好听的声音，来代替恼人的闹铃声呢？轻松、欢快的音乐，朗朗上口的童谣、故事，应该都可以用作闹铃的替代品。尤其是音乐，会促进脑中氧气与血液的流动，让身体也律动起来。

第二，有"好听的声音"陪伴，起床也会成为每日有意义的温馨时光。

每天早晨上演的"起床拉锯战"能否从闹剧变成温情剧呢？答案当然是肯定的。从恼人的闹铃声变成"好听的声音"，换个做法，可能真的不一样哦！在这里，父母要改变的不仅仅是闹铃本身自带的声音播放形式，更重要的是改变自身对起床这件事情的看法。

孩子的一日生活从起床开始，闹铃一般是辅助父母、帮助孩子养成良好起床习惯的利器。假如，父母用一段相对较长的音乐、故事等"好听的声音"来代替闹铃的话，闹铃改变了，功能却是增加了。除了"提醒"功能之外，父母还为孩子提供了另一种形式的晨间学习。父母可以播放音乐，也可以是故事或英文等其他形式的有声读物，这些有声读物在唤醒孩

---

① 睡眠惯性（sleep inertia，SI）也称睡眠惰性，是指睡醒后立即出现的暂时性的低警觉性、迷惑、行为紊乱和认知能力、感觉能力下降的状态。

子起床的同时，也在潜移默化中锻炼孩子的听力、大脑的理解力。不同的孩子对晨间这"好听的声音"的反应不一。有的孩子喜欢听音乐，有的孩子喜欢听故事，有的孩子可能爱听英语，也可能有的孩子根本什么都不喜欢。不管喜欢与否，父母都应该坚持在家中播放这些"好听的声音"，这样既起到逐步唤醒孩子的作用，也可当做一种背景声音，在潜移默化中给孩子一份入耳入心的晨读。

11. 自己事情自己来做

> 家庭教育碎碎念：
>
> 滴自己的汗，吃自己的饭。自己的事情自己干，靠人靠天靠祖上，不算是好汉。——陶行知

在不少父母的观念中，孩子只要做到不哭不闹、把书读好，至于生活方面的自立，包括衣、食、住、行等方面的"琐事"，则由父母、家长来代劳就可以了。父母对孩子生活琐事的包办，表面上看是父母对孩子无微不至的照顾，实则是"生怕孩子吃一点苦"的宠爱思想在作怪，其代价是阻碍孩子健全人格的养成，隐蔽地影响孩子长远的发展。

孩子终归要长大，终有一天要离开父母独立生活。被过度"照顾"的孩子，生活自理能力不容乐观。曾听说一个笑话：有一个孩子，每天早饭吃的鸡蛋，都是现成的、剥过壳的。有一天，妈妈临时有事急着外出，来不及剥好鸡蛋壳，告知孩子自己剥壳。这个小孩拿到鸡蛋后，急得团团转，自言自语地说："鸡蛋上面没有缝，怎么剥啊，怎么吃啊？"

这样的笑话，绝非个别现象。类似的，诸如孩子不会自己挤牙膏、不会叠裤子、不会洗衣服等例子，可以说是不胜枚举。更有甚者，一些跨入大学校门的新生，由于生活自理能力太差，影响到学业难以为继。

案例 11.1　差点退学的大一新生

上大学之前，小东在"无菌室"里长大，家庭条件优越，父母只给小东定下一个目标——学习，对孩子一直"惯着"，很少批评孩子，所有的衣服从袜子到外套从不用孩子洗，整理、扫地也从没让小东动过手。小东也很争气，初中、高中成绩不错，考入沈阳的目标大学。小东在这样的环

境中成长，没遇到过大的挫折。

今年新学期开始，小东的父母高高兴兴地把小东送到沈阳报到。之后却接连几天频繁接到小东电话，洗衣服、打饭、打水，这些都不会，还说"想家""想爸爸妈妈""想回家"。因为担心女儿，夫妻俩只得驱车几个小时来沈阳看她，每次都带去换洗的衣物，还有小东爱吃的饭菜，临走再把脏衣服带走。

小东的不适应渐渐变成了恐惧，一回到寝室就害怕，有时候大哭，甚至不敢睡觉。

室友一开始还能关心小东，后来被她的举动吓住了，更不敢接近。小东没法在寝室住下去，只能住到离学校最近的宾馆。

全家人都以为这个"十一"假期过后小东会有所缓解，但假期里，不管谁来劝，小东都拒绝回到学校。全家人一商量，如果这种状况再持续下去，小东恐怕就得退学了。[①]

案例11.1中的小东，从小被父母"惯着"，过着衣来伸手、饭来张口的生活。除了学习之外，小东诸事不管，凡事不操心。长期如此，小东的生活自理能力，毫无意外地与她的真实年龄严重脱节。更为严重的问题是，她的心理哺乳期也被延长了。等到她上大学后，日常生活必须依靠自己，心理上也被迫"断乳"。结果，巨大的反差，造成小东情绪持续过敏，一个多月了也无法适应新的学习生活。这种状况如果不能改善，甚至还有退学的隐忧。

总之，小东的父母从小不让孩子动手，只要求孩子学习，有点专制的色彩。在心理学中，专制型父母分为两种：一种专制是要求孩子绝对地服从自己，这种教养方式下的孩子常常表现出焦虑、退缩和不快乐，缺乏社

---

① 谭皓. 大一新生自理能力差 进寝室就哭 差点退学［N］. 华商晨报，2013-10-10.

会责任感。另一种专制是父母对孩子提供过度的保护，什么事情都要包办、代替，孩子的自主权受到限制，使孩子养成过分依赖父母的不良习惯，过度保护还会养成孩子以自我为中心，很难适应集体生活，易产生挫折感，人际关系紧张等问题。①

既然父母包办孩子的一切生活琐事，实乃"好心人办坏事"之举。那么，父母们就应该理性回归，正确认识"孩子能做的事情自己做"，从小培养孩子的生活自理能力。

第一，更新落后的育儿观念，努力对标国际上先进的育儿理念。

爱护自己的孩子，关注孩子的生活，是为人父母的职责。但父母同时也要明白，过度照顾自己的孩子，从小怕其饿着、冻着、摔着、累着……舍不得让孩子做些自己力所能及之事，却是过犹不及。当然，我们也注意到，身边很多的家庭也是格外关心孩子，不让孩子接触任何家务。为此，我们不妨将视野打开，了解国际上先进的育儿理念。

英国人普遍认为，对孩子的溺爱和娇宠，是孩子独立性格形成的最大障碍。要使孩子在日后能适应社会的需要，独立地去生活、工作，必须从小就培养他们独立生活的能力，让他们学会尊重他人和自我克制，知道对自己的行为负责任。如果孩子日后不能像其他人一样适应社会，作为父母就没有尽到教育的职责。②

日本的家长也认为，孩子自己的事情要自己做，家长可以帮助孩子，但不能代替孩子做自己的事。案例11.2反映的是日本幼儿园孩子的家长，即使自己双手空空，也不"帮"孩子拿书包。故事中日本家长的观念和做

---

① 齐美山.《指南》视野下家庭教养方式与孩子个体成长的案例分析［J］. 山西教育，2014（10）.

② 张文. 英国人的教育，就这样让我们汗颜！［EB/OL］. http://news.ifeng.com/a/20140917/42003914_0.shtml.

法，很有值得我们借鉴之处。

案例 11.2　日本幼儿园孩子自己背书包

　　这是很震撼我的一个场景，早晚接送孩子的时候，看到其他日本家长，无论是爸爸妈妈，还是爷爷奶奶，手里一律空着，而那些少说也有两三个大包外加书包，都由那些"花朵们"肩背手拿着，而且还都跑得飞快。我们呢，自然还是咱国内的传统，田田空手，我拿包。过了两天，老师就来和我聊天了："田田妈，田田在学校可是什么都自己做啊……"日本人惯于只说半句话，后面的让你琢磨去。我立刻就明白是在问家里的情形了。看我还在想，老师就说了："比方说上学时拿包吧。"这就是委婉的提醒。从此就只好让田田自己拿包了。等开家长恳谈会时，我和大家说"在中国幼儿园，习惯了家长拿东西"，这回轮到日本妈妈们目瞪口呆了，异口同声地问："为什么？"为什么？是不是因为我们中国人爱孩子更多一点呢？①

　　第二，鼓励孩子做自己事，创造机会让孩子做一定的家务。

　　在家庭生活中，只有父母放手，孩子才有机会自己的事情自己做，才能养成基本的生活自理能力。假如孩子自愿做自己的事情，父母们要乐见其成；假如孩子做不到自觉地完成自己的事情，父母们要鼓励他们自己承担一些事情。这一点，我们也可以借鉴英国家长的做法。英国家长在孩子很小的时候，就会放手让孩子尝试去做生活中的各种事情，如自己吃饭、自己穿脱衣裤、自己整理房间等为自我服务的事情。他们也很少会开车接送孩子，而是让孩子自己背着书包徒步，或乘坐校车去学校。②

　　除了鼓励孩子自己的事情自己做，父母们也可以创造机会，适当安排

---

　　①　张天行. 书包，还是孩子自己背吧［N］. 中国青年报，2015-01-12.
　　②　张文. 英国人的教育，就这样让我们汗颜！［EB/OL］. http://news.ifeng.com/a/20140917/42003914_0.shtml.

一些家庭中的日常小事，让孩子帮着完成。一开始可以安排孩子做一些难度较低的事情。比如说，可以安排孩子每天早上开门，每天晚上锁门。父母在这个过程中要做好监督。如果孩子忘记了，父母要轻声地提醒。等孩子完成了，父母还要表扬他、鼓励他。等孩子有了积极性之后，父母们可以继续创造机会，安排孩子做其他的事情，如请孩子帮忙盛饭、收碗筷、倒垃圾等等。

第三，坚持让孩子做自己的事，帮助孩子养成良好的生活习惯。

要求孩子自己的事情自己做，或者安排孩子做一些家务，一次几次并不困难，难在长久坚持。在孩子没有养成良好生活习惯之前，孩子们可能会找各种借口，如太累了、先玩一会儿、学习太忙等理由，拒绝做一些力所能及之事。父母们也可能一时心软，自觉不自觉地又包办了孩子应该做的一些事情。

其实，只要父母们坚持正确的育儿理念，坚持让孩子做自己的事情，那么，孩子养成良好的生活自理能力和生活习惯，也就指日可待了。在这里，父母们一要对孩子自己的事情自己做，有一个正确的认识。二要坚信自己的理念，坚持正确的做法，不因各种理由、各种借口而退缩。

相关链接 11.1　日本的孩子自己背包

走在日本街头，你会发现一个很奇怪的现象。无论时间多么紧张，无论是刮风下雨，在接送孩子的时候，日本家长，无论是爸爸妈妈，还是爷爷奶奶，他们都不会帮孩子拿任何东西。

而日本小朋友，则用自己稚嫩的肩膀，背着大大小小的包。这一规则，不仅适用于日本的普通家庭，还适用于上层阶级，即便是皇室的小公主、小王子上幼儿园，也都是自己背包的。

其实，只要你在日本待过，你就会发现，无论是上学放学，还是乘坐火车、汽车与轮船，那些跟随父母旅游的日本孩子们，都背着一个小小的包。

这个包说轻不轻，说重不重，装的无非就是孩子使用的一些生活用品，比如牙刷、牙膏、毛巾、水杯、手帕等。但是无论包有多重，家长们都不会伸手代劳。看到这里，有很多中国妈妈会说：如果孩子累坏了怎么办？拿不动怎么办？

有妈妈就问日本家长了，"你们为什么不帮孩子背包呢？"日本妈妈这样回答，"这是他们自己的东西，应当由他们自己来背。这是为了让孩子从小就懂得'自己的事情自己做'的道理。"①

相关链接11.1中，日本父母不管时间多么紧张，抑或刮风下雨，在外出的场合，都不帮孩子拿东西。因为他们深刻地明白，要从小培养孩子自己的事情自己做，父母不能越俎代庖。否则，那是"好心办坏事"，最终只会"害"了孩子。

---

① 刘小静. 日本妈育儿让孩子自己背书包[EB/OL]. http://edu.pcbaby.com.cn/138/1388932.html.

12. 放手让孩子做任务

> 家庭教育碎碎念：
> 授子以"鱼"，不如授子以"渔"。

家庭是孩子成长的港湾。家庭不仅是孩子遮风挡雨的场所，也是孩子日后展翅高飞的训练基地。孩子终有一天会长大，终有一天要离开父母的怀抱。父母要做的，不是阻止这一天到来，也不是延缓这一天到来。因为这么做，尽管是出于爱，但最终的结果要么是无济于事，要么是付出惨痛的代价。因此，父母需要做的是，帮助孩子做好种种准备，让他们日后能够更好地独立生活，更好地在各种"天气状况"中自如地翱翔。

培养孩子的独立生活能力，关键在于多提供机会让孩子参与、承担家庭事务，甚至是放手让孩子完成家庭的任务。下面，我们将结合案例12.1，来讨论父母需要注意的一些教育行为细节。

案例12.1 让孩子做"大事情"

我美国博士后导师家很喜欢一起做事，还喜欢差孩子做事。

买菜、修车、聚会、搬家、买房、旅行，甚至报税，他们事无巨细都一起讨论，一起合作完成。导师和他太太在这些事里，充当的角色就是顾问，其他全部由孩子们来执行。

我听到过的小事，比如，去参加老二的毕业典礼，老爸该穿什么衣服？买机票哪家更便宜？Party准备吃中餐还是泰式？这些没啥稀奇，我们也会。不过，他们家孩子做过的一件大事，让我不得不对他们这个家庭团队刮目相看。

我们实验室曾大搬过一次，从一个城市搬到另一个城市。搬家前两个月，他们决定把老房子（豪宅）和家具卖了，然后在新城市重新买房。这可不是一件容易的事。

于是，他们弄出几个长长的清单，执行人全部是孩子们。老二老三（还是中学生）负责卖家具，从写广告、发广告、电话联系到收钱全包。老大当时在要搬去的城市上大学，正好负责找经纪人看房及各种沟通。家里所有东西从打包，到联系搬家公司，还是孩子们，厉害啊！

我导师每天就在办公室里等着新消息。

从小这样锻炼，怪不得他们家的孩子，后来能轻松、成功地管理好他们的学业和生活。①

案例12.1描述的故事背景是美国的家庭，而且是一个有三个孩子的大家庭。案例中美国父母放手让孩子做事的做法，我们不见得可以照搬照抄，但"他山之石，可以攻玉"，其中有不少地方值得我们思考和借鉴。

第一，全家一起来讨论各种家庭事务。

在有的父母看来，小孩子能有什么见识，当无必要与他们讨论家务事，也没有必要听取他们的意见。实则不然，孩子作为家庭中的重要一员，自然是有权利知晓家庭事务，也有权利和义务发表自己的意见。案例12.1中的美国父母，不在乎孩子的"浅薄之见"，只要是家庭中的事务，事无巨细，都拿出来全家一起讨论。在这种民主的家庭氛围中，孩子可以自由地发表自己的看法，会认真地履行家庭成员的职责，真正关注、关心家庭当中的共同事务。

第二，父母当顾问，孩子来执行。

有的父母可能会疑虑，孩子毕竟没多少生活阅历，也没有多少处事的经验，他们提出来的想法、建议，会不会很幼稚，可不可行？当然，这也

---

① 晓杨. 哈佛幸福研究没有告诉我们，最好的教育只可能发生在这样的家庭[EB/OL]. http://www.vccoo.com/v/b44r6p.

不无道理。孩子不可能一下子就扮演好家庭事务参与者、决策者、执行者的角色。孩子要想独立承担好家庭事务，需要一个从陌生到熟练的过程。但是，父母如果不给孩子机会，孩子永远也成长不起来。

在承担家庭事务的过程中，父母不能因为孩子可能出现的"幼稚""不成熟"，或者"犯错误"，而剥夺其成长的机会。父母应该允许孩子犯错误，而且以顾问的角色帮助孩子，为孩子把关，完善孩子的做法。案例12.1中的美国父母，不仅和孩子一起讨论如何做事，更是让孩子具体去做"买菜、修车、聚会、搬家、买房、旅行，甚至报税"等事务。孩子想怎么做、具体怎么做，由孩子来决定。父母只是以顾问的角色提建议，而不是蛮横地干涉孩子。

第三，父母放手，孩子合理分工。

要想孩子能够真正做到独立自主地做事，父母们必须该放手时就放手。也即，父母的放手，换来了孩子的自立。需要注意的是，放手不等于放任。父母放手让孩子独立做事之前，需要权衡一下孩子是否有这方面的信心和能力，是否以前有过一定的锻炼和经验。

案例12.1中的美国父母，竟然把搬家这样的大事，全部交由孩子们来完成。案例中描述的搬家，是从一个城市搬到另一个城市，需要卖掉旧房子、旧家具，还要看房买房子，以及把家里的很多用品搬到新家。这对成人来讲，都是比较困难、比较麻烦的事情。然而，案例中父母却把如此"大事"，完全放手让三个正在读大学、读中学的孩子来干，自己只是安坐在办公室里等消息。这样的做法，不得不令人刮目相看。我们不禁为美国父母的决策"捏一把汗"，更为美国孩子的做事能力拍案叫绝。

13. 引导孩子用好手机

> 家庭教育碎碎念：
>
> 世界上最遥远的距离，莫过于我们坐在一起，而你却在低头玩手机。这是一句玩笑话，但引导孩子适度使用手机，是新媒体时代父母的必修课。

随着信息化、网络化社会的到来，智能手机进入了我们的日常生活，成为我们生活中不可或缺的日用品。不仅是成人用手机、玩手机，越来越多的孩子也拥有了自己的手机。智能手机不仅可以用来社交，也可以辅助学习，还可以用来娱乐、玩游戏等等。父母们自然希望孩子把手机用在学习上，用在必要的社交上。但一旦把手机交给孩子使用之后，很多父母又担心孩子们使用手机时间过多，沉迷于手机中的虚拟世界难以自拔。在现实中，有不少孩子手机使用不当，影响了学习和身体健康，也给父母的教育引导带来了一定的困扰和压力。

案例 13.1 我与女儿的"手机冷战"

女儿婷婷 12 岁了，在父母老师眼中，她是个懂事乖巧、学习自觉的孩子，成绩在班级里一直名列前茅。平时我们很信任女儿，出于学习的需要，婷婷可以自由地使用手机，一般我们不会过问。随着婷婷升入初中，我隐隐发现她对学习有点漫不经心了。一个偶然的机会，我发现了女儿手机的惊天"秘密"——隐藏在众多学习 App 的后面，是追星，是抖音，是游戏！我简直气疯了，气女儿从众追星，气女儿玩物丧志，更气女儿辜负了我们的信任！盛怒之下，我当着女儿的面把手机重重地扔到了窗外，女儿也不甘示弱，非但不知错认错，还质问为什么大人可以玩手机而自己不可以?母女俩就此进入了冷战。

"手机冷战"爆发后,我进行了自我反省。从社会大环境来看,在智能手机大行其道的当今社会,想让孩子和手机绝缘似乎很难。表面上,这是手机惹的祸,实质上,这是探讨如何构建健康生活方式的大命题。我们家长又何尝不是"手机依赖症"患者?这是一个需要家长和孩子、需要全社会共同面对的问题。从孩子的年龄阶段来看,女儿快进入青春期了,随着自我意识的觉醒,社交需求越来越强,更关注自我和家庭、自我和社会的沟通连接,家长不能再用对付小孩子那套方法了,必须站在平等的角度与孩子交流问题和解决问题,一味责骂只能让孩子产生逆反心理,对家长关闭心门。

冷静之后,我和女儿进行了一次开诚布公的交流,我问女儿为什么喜欢某明星。女儿说特别喜欢他的曲风和敬业精神,然后我说妈妈在这个年龄也有自己的偶像,和你的偶像曲风很像呢!我又问女儿为什么要拍抖音视频?女儿说自己一直很喜欢唱歌,四年级退出学校合唱队后心有遗憾,在视频里录酷酷的 MV,自己很有成就感。我表示认同,先生在一边打趣地说:"嗯,有专业水准,要不是怕你妈骂,我真想给你点赞呢!"就这样,我们的理解软化了女儿的内心。她坦陈,我们在学习上的过高期许让她感受到了压力,学海无涯"手机"为伴,孩子也需要调整和释放压力。再后来,我们讲了"玩物丧志"的后果,女儿终于真正意识到了沉迷手机的危害。

第一步,思想沟通顺了,接下来该是行动了。如何戒除手机瘾?为了树立良好的家庭氛围,我们决定以身作则,每天晚上七点到九点的两个小时时间里,我们把手机锁在一个铁盒子里。孩子做完作业以后,我们一起去小区散步,听孩子讲学校里发生的奇闻趣事;我们一起陪孩子看课外书,聊聊诗词和历史故事;我们一起跑步、做瑜伽,在运动中释放各自的压力。就这样，手机上的那些光怪陆离慢慢淡出了女儿的视野，亲子关系也越来越亲密无间了。当然，每到周末，女儿也会拥有使用手机的固定时间，毕竟孩子也想和老同学、好朋友们唠唠嗑，也想看看偶像的新MV。做家长的不能让孩子"与世隔绝"，我们得尊重这个年龄段孩子的社交需求。就这样循循善诱，循序渐进，女儿的心终于回归学业，自律性也越来越强。①

案例13.1中，母亲偶然发现女儿沉迷于追星、秀抖音和玩游戏之后，气得把女儿的手机扔出窗外，然而女儿也不甘示弱，不但没有主动认错，反而还质问为什么大人能玩自己不能玩。由此，母女爆发了冲突，并且以"冷战"的方式持续对抗。针对"手机冷战"，母亲很快进行了反省，并调整了教育策略，引导女儿养成了正确使用手机的好习惯。分析这一过程中的教育行为细节，有以下几处值得我们深入地探讨。

第一，自我反省。在与孩子发生矛盾和冲突之后，父母有必要对自己的观念和行为进行反省。案例中的母亲在与女儿爆发"手机冷战"后，主要从两个方面进行了思考和自我批判。一方面，让孩子与手机绝缘不现实。首先，在移动互联网时代，手机已经深度融入了我们的生活。父母即便不给孩子独立用手机，孩子也有很多的机会接触到。其次，家长也在用手机。作为父母，如果允许自己用手机而不让孩子用，孩子心里肯定不服气。最后，孩子有正常的社交和休闲的需求，而手机则是必不可少的工具。孩子的同伴大多都在用手机，强制孩子不用手机，不利于孩子开展的社交和必要的休闲。另一方面，不能用对付小孩的方法来对待青春期的孩子。案例中的孩子是12岁的初中生，已经是一个开始进入青春期的大孩子了。处于这个年龄段的孩子，独立自主的意识在增强，要求自我做主的呼

---

① 该案例由上海市晋元附属学校学生家长赵彦君撰写。

声也在升高。父母如果简单粗暴地责骂孩子，试图用强制和威权强迫孩子屈服，往往会事与愿违，更严重的是，会让孩子的内心与父母渐行渐远，成为心理上的"陌生人"。

第二，真诚沟通。误解、不理解是造成亲子冲突的重要原因。冲突发生之后，需要亲子双方加强沟通，增进了解，消除偏见和误会。案例中的母亲在"手机冷战"发生之后，除了自我反省，还与女儿进行了开诚布公的交流。女儿讲述了为什么用手机追星、秀抖音和玩游戏。母亲也明白了女儿追星是因为喜欢某明星的曲风和敬业精神；喜欢秀抖音是因为能录"酷酷的 MV"，能满足自己喜欢唱歌和自我表现的愿望；喜欢玩手机还因为学习压力太大，希望通过手机释放压力，调整自己的状态。对于孩子玩手机背后的原因，母亲和父亲都表示了理解和一定程度上的支持。在女儿分享自己的内心想法之后，父母也交流了沉迷于手机的危害，甚至有可能会造成"玩物丧志"的不良后果。通过沟通交流，女儿也意识到自己的问题，认识到沉迷于手机的虚拟世界是不可取的。

第三，积极行动。要改变孩子使用手机不当的问题，养成正确使用手机的好习惯，需要积极的行动来支撑。案例13.1中，母亲通过自我反省和与孩子真诚沟通，剖析了自己教育方法中存在的问题，也找到了孩子沉迷手机的深层次原因，这样才能有针对性地采取措施，并落实到行动之中。为了戒除孩子的手机瘾，案例中父母自己先少玩手机，并且与孩子共同约定"每天晚上七点到九点的两个小时时间里，我们把手机锁在一个铁盒子里"。在不玩手机的这段时间内，当孩子做完作业，父母与孩子一起聊学校生活，聊文学和历史，还一起锻炼身体，"在运动中释放各自的压力"。这些有益的活动代替了孩子原先看手机、玩手机的时间，避免了孩子过多地把心思和时间花在手机上面。当然，案例中的父母也在周末给孩子固定的时间使用手机，尊重和满足孩子必要的社交需求，以及追星的心理需要。

　　总之，案例中的父母在发现孩子因玩手机影响学业之后，由最初的发脾气到反省、沟通和行动，最终帮助孩子逐渐摆脱了"手机依赖症"，加强了学习的自律性，养成了正确使用手机的好习惯。同时，也密切了亲子关系，形成了良好的家庭氛围。

（三）日常的陪伴

陪伴，是父母送给孩子一生最好的礼物。家庭教育与学校教育的一个本质区别，就在于家庭教育存在于日复一日的生活中，通俗一点就是"过日子"。日子过得好与坏，取决于父母陪伴孩子质量的高与低。

随着时代变迁，社会发展节奏加快，父母工作日益繁重，许多父母忙于生计而不能陪伴孩子，尤其是父亲的陪伴严重缺失。从家庭教育完整意义上来讲，父亲和母亲共同参与并投入家庭教育一定是必不可少的。然而，现实与理想是相距甚远的，父亲在家庭教育中的缺位逐渐成为社会的流行趋势。中国儿童少年基金会与北京师范大学教育学部家庭教育研究中心曾联合发布过《中国亲子教育调查现状》。其中关于父亲的一组数据引人深思："几乎没有时间"与孩子单独相处和"不超过一小时"的爸爸占据了被调查者30.0%多的比例，"1小时至2小时"的爸爸占比32.5%，"2小时及以上"的爸爸占比仅为34.9%。

其实，陪伴对于父母来说，不是选择题而是必答题。陪伴，父母首先要做到"人在"，其次要"人在心也在"。用心才是高质量的陪伴。高质量的陪伴，不是空洞的理念，在操作上是需要父母和孩子一起共同经历一些美好的事情，比如共同阅读、玩耍、运动等等。

14. 父亲要多陪陪孩子

> 家庭教育碎碎念：
> 陪伴是最长情的告白，对于亲情亦是如此，只有陪伴，孩子才能真正感受到父母的爱，感受真正的快乐。①

在家庭教育中，父亲对孩子的成长发展具有不可替代的作用。父亲对孩子的影响可以贯穿孩子发展的各个方面，不仅仅是智力和社会交往，还包括情绪表达与管理、自我认同、身体协调与运动、探究与专注等方面，比如：果断、坚毅、动手能力强等特质。然而，在家庭教育中，现实情况是父亲处于边缘化的状态严重，父亲在育儿中陪同孩子度过的时间非常有限。

父亲角色有多重要，预示着父教缺失的负面影响就有多严重。

一方面，父亲在家庭角色的缺失，使母亲像"假单亲妈妈"。造成"假单亲妈妈"现象的原因，除了父亲对自身角色认知的偏离，父亲教养行为缺乏，母亲过于强势或大包大揽也是重要的原因。在众多缺失的父亲角色中，父亲多数以被动型、缺席型、专制型的角色呈现。父亲角色完全缺失的情况也并不少见，有许多"周见"甚至"月见"父亲，他们往往以出差、应酬、交友等因素为借口。一些每天回家的父亲，也因为不知如何与孩子互动，或被母亲嫌弃，成为孩子生活中可有可无的背景。

另一方面，父亲在家庭教育中的缺席，影响孩子多方面的健康成长。

---

① 爸爸，可以买你一个小时的时间吗？[EB/OL]. http://baby.sina.com.cn/wemedia/2017-05-21/doc-ifyfekhi7323755.shtml.

父亲角色的缺失对儿童社会交往、心理健康、性别化进程等方面，都有直接的影响，甚至包括学业、智力、职业及婚恋等。父教缺失的儿童，往往有更多的社交困扰，也更容易出现诸如过分害羞、自暴自弃等心理问题。严重的父教缺失会引发社会犯罪，很多研究证实了父教缺失与青少年问题行为之间存在关联。

因而，在家庭教育中，父亲的陪伴、父亲的参与，对于孩子的成长发展来说是多么的重要。在那些缺少父亲陪伴的孩子心目中，父亲能陪着自己说一会儿话、玩一会儿游戏，甚至是陪着一起吃顿饭，都是弥足珍贵的欢乐时光。

案例 14.1　爸爸，我想买你一小时

一位父亲下班回到家里已经很晚了，很累也很烦，他发现5岁的儿子站在门口等他。

"我可以问你一个问题吗，爸爸？"

"什么问题？"

"你一个小时可以挣多少钱，爸爸？"

"你问这个干什么，这跟你没有关系。"父亲很生气。

"我只是想知道，请您告诉我。"孩子哀求着。

"我一个小时可以挣20美元。"

"那您可以借给我10美元吗？"

"借钱，你要钱干什么？我很累了，没有时间跟你在这里啰唆，你马上给我回到床上去。"

孩子很无奈地回去了。

过了一会，父亲感到自己刚才的态度有些粗暴，而且这个孩子平时也不会轻易张口跟父母要钱，也许他真的需要钱。

父亲来到孩子的房门口："儿子，你睡了吗？"

"爸爸，没有，我还醒着。"

"对不起，爸爸刚才的态度不好，这是你要的 10 美元。不过，你能告诉我你要钱做什么吗？"

孩子一看到 10 美元很兴奋，从枕头下又拿出很多折皱了的钱。

父亲一看，很奇怪，说："你有钱，还问我要，你要这么多钱做什么？"

孩子没有回答，只是很快地数着钱，然后满脸兴奋地对父亲说："爸爸，这里有 20 美金，我可以跟你买一个小时吗？我想请你明天早点回家，因为我想跟你一起吃晚饭。"

在孩子心中，家庭(FAMILY)＝爸爸(F)ATHER 和(A)ND 妈妈(M)OTHER，我(I)爱(L)OVE 你们(Y)OU。①

案例 14.1 中的小男孩在门口等着父亲回家，看到父亲后，问父亲一小时赚多少钱。得知父亲一小时赚 20 美元后，提出要向父亲借 10 美元。一开始父亲没有同意，过了一会父亲改变了主意，把 10 美元拿给了孩子。但父亲提出疑问，借钱用来干什么。小男孩没有马上回答，只是很快地数起自己的零花钱，然后兴奋地告诉父亲，自己能否用手中的 20 美金买父亲一个小时，用来明天陪自己一起吃晚饭。也就是说，小男孩煞费苦心地问父亲一小时赚多少，并向父亲借钱的目的，仅仅是为了让父亲能陪自己吃一顿晚饭。由此，可以从一个侧面说明，父亲的陪伴看起来稀疏平常，可对孩子来讲，可能是心中长久的期盼。

因此，作为父亲要认识到自身角色的重要性，应该多安排时间陪伴孩子的成长，在参与家庭生活、亲子陪伴、学习养育知识、榜样示范等方面有所作为。具体来说，父亲陪伴孩子时需要注意以下一些细节。

---

① 资料来源：http://www.chinaqw.com/hwjy/qzgt/200702/05/60769.shtml。

第一，树立自己是"养育者"的观念。

传统意义上，父亲更多承担的是"供养者"角色，他们为孩子、为家庭而努力打拼，认真工作，并大多践行着"男主外、女主内"的家庭分工，将教育孩子自动归为母亲的职责。

其实，自然性别差异是先天给予的，而社会性别差异是通过文化理念、家长认同、社会引导和同伴互动等方面的影响所造成的。许多研究证据显示，父亲和母亲一样具有抚育性，可以像其配偶一样做很多"母亲"的行为，也可以和母亲一样参与许多照顾孩子的活动。为了能真正地陪伴好孩子，父亲需要从"供养者"角色，转变为"养育者"的角色。

第二，用心陪着孩子一起活动和游戏。

相比日常生活过程中的陪伴和互动，父亲更愿意给孩子做好人生发展的领航者，给孩子制订各种教育规则，当孩子犯错时来管教和惩罚孩子。而涉及情感交流部分，父亲的家庭教育参与度明显下降，父亲"拥抱、亲吻孩子"、对孩子说"我爱你"的行为明显少于母亲。

固然有些父亲说："我每天都在家啊！"然而，这些父亲在家的活动是与儿童及母亲的活动是分离的、割裂的，成为了"影子爸爸"，这样的养育形同虚设。父亲应真正参与到家庭生活中，用心地陪着孩子一起学习，陪伴孩子一起玩耍，陪同孩子一起探索世界等等。并且，在陪同中，要更多地用言语来表达对孩子的关爱。

案例 14.2　陪伴是给女儿最好的礼物

让丽娟爸爸讲讲如何教育女儿的时候，他一个劲说，"我没多少文化，在家里也没做什么，非要说的话，也就是尽自己的最大努力做好父母的本分吧！"

"女儿的生活起居由她妈妈管，教育的事情基本都是我在管。其实也没怎么管，因为我初中毕业，没多少文化，知识还没有孩子丰富呢，在这方面也给不了女儿多大的帮助！我的管，其实就是从小学开始，我就一直陪着她。"

管＝陪！

在这样的说法下，丽娟爸爸列出了他每天陪伴的功课内容："每天晚上我和女儿的作息都是雷打不动的。吃过晚饭，我陪着她看看电视新闻；她做作业，我在她旁边翻翻报纸；三年级以后，她做完作业，用电脑上上网，我也陪着。"除此之外，丽娟爸爸每天还会去接女儿放学，有时候陪着女儿一起散步回家，有时候是自行车载着她一路欢歌笑语地回家。由于丽娟从小身体不大好，小学毕业的时候还做过一次脊柱大手术，所以不能进行激烈的运动。所以，丽娟爸爸周末陪着女儿骑骑脚踏车，四处走走看看，一边欣赏风景，一边做些适量的运动。①

听着案例14.2中丽娟爸爸的话，让我们不禁遥想：有多少个夜晚的台灯下，女儿刻苦学习的背影旁总有一个身影在陪伴；有多少个放学铃敲响的时刻，校门外有一双充满父爱的凝视双眼；有多少个天气晴朗的周末，两辆简陋的脚踏车并排骑行在桃浦的大街小巷。

凡事贵在坚持。陪学、陪玩、陪接送，从小学一年级开始到现在，丽娟爸爸一陪就是十一年。这中间没有一丝的动摇、一丝的随意，更没有电视、麻将、娱乐等各类诱惑的打扰。用丽娟爸爸的话来说，"陪"就是他每一天、每一月、每一年必须做好的父亲本分。

第三，在陪同中要起到榜样示范作用。

父亲的一个重要角色职能就是榜样示范。陪同孩子不是目的，促进孩子健康成长才是努力的方向。在陪同孩子的过程中，父亲只有做好应有的榜样，孩子才能向着你希望的方向发展。希望孩子如何，你先做到你希望

---

① 郁琴芳. 20个父亲的教育智慧［M］. 上海：华东师范大学出版社，2016.

的样子，孩子自然会受到感染而向这个目标进发。

　　另外，父亲要做好孩子的陪伴者，还需要学习养育知识、家庭教育的新理念与方法。父亲要明白，只有不断地学习，了解了儿童的发展特点，才能有效地陪伴与应对孩子成长中的诸多问题。

　　总之，父亲的陪伴有时虽然微不足道，但对孩子来讲却是兹事体大。网上曾经有一句很火的话："爸爸你再不陪我，我就长大了。"请父亲们从忙碌的事情中抽身出来，给予孩子更好更多的陪伴，不要给孩子的成长留下父爱缺席的遗憾。

15. 常陪孩子共同阅读

> 家庭教育碎碎念：
> 一个人的精神发育史，就是一个人的阅读史。

陪伴是父母给孩子一路成长最好的礼物。陪伴的内容是多种多样的，父母可以陪孩子一起做作业、一起阅读、一起游戏、一起运动、一起做家务。其中，陪着孩子共同阅览、共同读书，也即亲子阅读，不失为一种值得推荐的陪伴方式。尤其对于年幼、年少的孩子来说，父母陪伴他们共同阅读，是父母在家庭中教育孩子，并与孩子共同成长的重要活动。陪着孩子一起阅读、共同阅读，除了增进亲子关系，营造和谐的、积极的家庭氛围外，对于孩子的健康成长也是大有帮助的。具体来讲，亲子阅读具有以下几个方面的优点。

第一，亲子阅读有利于激发孩子的阅读兴趣。

虽说有的孩子能自己一个人读书，也能从中找到乐子，但更多的孩子一开始对阅读的兴趣泛泛，即使让他看书也持续不了很长时间，他们更喜欢玩玩具、玩游戏、看电视节目等。所以，父母陪着孩子一起阅读很有必要。父母陪着孩子一起阅读，会促使孩子把更多的注意力转移到阅读上来。而且，父母可以帮助孩子找到书中更多的有趣知识，可以引导孩子将书中的知识和生活联系起来，可以在读书过程中与孩子共同思考与探讨。如此一来，孩子对阅读的兴趣自然而然地培养起来了，孩子们能够更好地体验到阅读的乐趣。

第二，亲子阅读有助于培养孩子的学习习惯。

好习惯受益终身。陪着孩子一起阅读，并且持之以恒，每天都抽出时间，坚持与孩子一起阅读、一起学习，就能够促进阅读成为孩子日常生活的必修课，最终内化于心、外化于行，养成并固化为良好的阅读习惯。良好的阅读习惯，是一个人终身学习的坚强而有力的根基。致力于长期亲子阅读的家长，都会发现孩子们在今后的学习中，阅读不再需要家长盯，而且，更重要的是，他们自学的能力强，学习的潜力大。

第三，亲子阅读有益于提升孩子的人文素养。

亲子阅读活动的开展，增加了孩子们大量的阅读时间。对于年幼的孩子来讲，在阅读的过程中，他们会自然而然认得很多字，会记住不少新鲜的词句，从而对他们的语文学习颇有助益。实际上，识字量的增加，词汇量的丰富，知识的积累，仅仅是一部分收获。更重要的收获是，孩子们会接触到文字背后蕴含的人文关怀，会去吸纳隐藏在文字信息之中的人文精神，从而在亲子阅读的过程中提升自己的人文素养。人文素养的提升，有益于良好人格的养成。这样的收获，也是终身受益的。

那么，父母们在与孩子开展亲子阅读活动时，需要关注哪些方面呢，或者说要注意哪些细节呢？

第一，亲子阅读宜早不宜迟。

大多父母都认识到阅读是对孩子有益的活动，陪伴孩子共同阅读也是为人父母的职责。不过，对于什么时候开始亲子阅读，父母们有着不同的认识和判断。比如说，对于学龄前的儿童，有的父母认为只要身体健康，孩子吃好、玩好就可以了。至于陪着孩子阅读，还是等长大点再说吧。其实，亲子阅读宜早则早，早点开始比晚开始要好。越是年幼的孩子，越是具有模仿性和可塑性。父母陪着孩子阅读，孩子则会关注大人的行为，并有意识或无意识地加以模仿，从而做到从小培养孩子的阅读兴趣和习惯。

第二，亲子阅读要持之以恒。

亲子阅读贵在坚持。这不仅是一个观念，更是一种态度，并且需要长期如一的行动。父母们要重视亲子阅读,除了把亲子阅读作为一种学习方式外,更要把它作为一种休闲生活方式,作为一种亲子之间美好的共同约定。因此,不管多忙,不管多累,只要条件允许,父母都应该抽出时间、挤出时间,陪着孩子享受阅读的快乐。

相关链接 15.1 德国家长的陪子阅读

据德国收视率很高的电视台 PRO7 公布了销售最多的圣诞礼物排名榜,排名第一的是图书,德国家长为何陪伴孩子阅读成习惯?节目上,主持人兴奋地说:"一如既往,图书依然是最受德国人欢迎的圣诞礼物!"德国人酷爱读书得益于德国父母对孩子的从小培养,"陪子阅读"是德国家庭很重要的日常生活内容,年轻的父母绝不会为忙工作忙挣钱而放弃"陪子阅读"。从幼儿时期开始,日常及睡前给孩子读故事是父母必做的事。再大点的孩子,则由父母陪着一起阅读,父母还会提问题调动孩子的阅读兴趣。在他们看来,让孩子从读书中得到快乐比什么都重要。据德国读书基金会公布的调查数据,德国有 81.0% 的家庭每天陪子阅读。[①]

第三,亲子阅读要持平常心。

父母在陪孩子共同读书的过程中,要保持平常心,不能带着功利主义的色彩。比如,在成效方面,父母切忌急功近利。亲子阅读要想发挥良好的效用,需要找到正确的方法,并且要坚持不懈。在一定程度上,父母对待亲子阅读要秉持"只管耕耘,不管收获"的心态,不要过于计较收获。亲子阅读的工夫到位了,时间足够了,它的功效也会水到渠成。又如,在阅读书目的选择上,父母也要避免功利心。比如,有些小学生的父母,一说到要亲子阅读,就认为是"陪着"孩子看优秀作文选等与考试相关的读物,期望孩子通过亲子阅读活动,提升写作水平,提高考试成绩。如此做

---

① 德国家长为何陪伴孩子阅读成习惯?[EB/OL]. http://www.doc88.com/p-5798143880070.html.

法，显然也是陷入功利主义的泥淖。

第四，亲子阅读要掌握方法。

亲子阅读不是简单地看着孩子阅读，它是一个综合体：既包括陪着看，又包括陪着听，也包括陪着讲，还包括陪着讨论。所以，在陪读的过程中，父母要把握基本的流程：首先，父母让孩子自己看、自己读。不管他们能读懂多少，不要过多干涉。其次，让孩子讲一讲他记住了哪些，懂得了哪些。也即，让孩子谈谈阅读的体会与感受。再次，父母可以针对其中的问题，结合生活的常识、人生的阅历，给孩子讲一讲书中的知识点。最后，亲子之间就阅读的主题、内容、启示等展开交流，展开讨论。

亲子阅读的内容要循序渐进。对于年幼的孩子来说，可以从读图开始。父母要明白，读图也是一种阅读。这时候，父母可以选择一些颜色鲜艳、内容简单的图片、绘本等。等孩子长大一点后，再让他们阅读配图的、有注音文字的书籍。然后，逐步过渡到有注音文字，以及没注音只有文字的儿童读物。最后，可以延展到那些感兴趣的、有益的读本。

亲子阅读要投入真情实感，要进入角色，读完后还可以进行角色扮演。对于一开始并不喜欢阅读的孩子，或者尚未养成阅读习惯的孩子，父母在陪读中的"表演"显得很有必要。相关链接15.2中父亲的陪读行为细节，或许能给我们不少的启示。

相关链接15.2　有趣的陪读

在陪孩子阅读的时候，我倾注了感情。在读故事时，我很注意节奏的把握和音色的变化，总会给故事里的每个角色安排不同的音色。有时，单凭声音和语气实在很难区分开，我就会捏着鼻子说话，这样可以产生一种特殊的效果，让女儿感觉特别好笑。每当我讲到开心处时，会和女儿一起尽情地笑；讲到紧张处时，会握紧拳头簌簌发抖；讲到关键处时，会卖个关子吊吊女儿胃口；讲完了故事，还会和女儿分别续编出新的故事。

阅读过后，我还会经常陪女儿做角色扮演游戏。当然，每次正面角色都是女儿的，反面角色不是我就是孩子妈妈。读过《草船借箭》这篇故事，我就和女儿分出角色，由我来扮演周瑜，孩子妈妈扮演鲁肃，由女儿手拿大蒲扇来扮演诸葛亮。每次表演，一家人都会很快乐，很投入，有情节，有台词，有欢笑。表演时，如忘了书中情节，女儿还会去翻找《三国演义》，查找故事中的内容，实现了主动阅读。

有了这些有效的方法，女儿很快就从不喜欢阅读变成了喜欢阅读。久而久之，女儿就养成了和我一起看书的习惯。[1]

第五，亲子阅读要避免误区。

除了掌握正确的亲子阅读方法，还要对亲子阅读中的错误认识、不当方法有所了解。比如，有的家长把识字等同于亲子阅读，认为陪孩子阅读就是陪孩子认字。这是一个常见的误区。

再如，在亲子阅读过程中，有的家长不喜欢听孩子讲，而是喜欢给孩子讲解，甚至用自己的讲解来代替孩子自主的思考。有的家长在陪孩子看书时，喜欢指着书问："你认不认识？""他们在玩什么？""图里面有什么呀？"诚然，亲子阅读过程中，家长需要讲解，需要提问，但必须是有针对性的讲解和提问，以便对孩子的阅读进行必要辅助。所以，在亲子阅读过程中，父母不能想讲就讲，想问就问，不能用讲与问代替孩子的读与思。

此外，父母还要了解孩子在亲子阅读中出现的一些特点、问题，并通过自我学习、相互交流、请教老师等方法，找到解决的办法。

案例 15.1　孩子喜欢重复听一个故事

妍妍最近迷上了"白雪公主"，开始，妈妈耐心地讲了一遍又一遍，

---

[1] 葛欣. 孩子，让我陪着你幸福地成长——2016 中国新父母"年度父亲"获奖者葛欣亲子成长自述［J］. 教育，2016（52）.

都不下几十遍了,每晚她还是要听这个故事。妈妈想试图引导她换个故事,拿出来一本《了不起的狐狸爸爸》,可是她非常不配合,一会要去上厕所,一会要去喝水,一会要去找东西。总之,不是她爱的故事情节,她就不愿坐下静静地听。①

案例 15.1 中的小朋友,在亲子阅读的过程中迷恋上了"白雪公主"这个故事。她是百听不厌,她的妈妈却不想听之任之,而是想试图换个故事来阅读。但是,结果却事与愿违。其实,对于喜欢的故事,年幼的孩子常常会不厌其烦地看,会多次重复地听。重复反映了这是他们的兴趣,重复也是他们的学习方式。因此,案例中妈妈还可以耐心点,宽容、接纳孩子。当然,也不一定次次都讲给孩子听,可以让孩子自己讲。在认真倾听孩子讲故事之后,让她谈谈自己的想法,然后再与她进行讨论。在讨论中,再进行引导,并设法激发孩子阅读其他图书的兴趣。

案例 15.2 你能把故事讲出来吗?

孩子喜欢听故事,这似乎是一种天性。他们会不厌其烦地让父母及大人讲同一个故事。有一天,我问他,爸爸每天给你讲故事,你自己能把故事讲出来吗?没必要一字不差,大概意思对就可以了。我其实也就是随便一问,没想到他竟然很痛快地答应了,然后就自顾自地讲起了《小刺猬的护身术》。刚开始我没太在意,认为他讲个大概就不错了。没想到我越听越惊奇,赶忙说:"等一下,我看一下书。"我对照书让他讲,他很顺利地讲完了,而且还声情并茂。我事后特意数了一下,一篇 477 个字的《小刺猬的护身术》,基本上一字不差地背了出来,要知道他那时才上中班呢。②

案例 15.2 中,一个中班的孩子,竟然能够脱稿讲一篇 477 个字的《小

---

① 亲子阅读指导案例分析 [EB/OL]. http://blog.sina.com.cn/s/blog_6c7b9bff0101d45x.html.

② 该案例由上海市宝林路第三小学学生家长杨皓辰撰写。

刺猬的护身术》。其原因在于父亲让孩子讲故事，这个故事正是孩子反复听的、感兴趣的故事。这样的做法，既减轻大人给孩子多次重复讲同一个故事的负担，又可以锻炼孩子的记忆力、表达水平。何乐而不为呢？

16. 陪孩子一起编故事

> 家庭教育碎碎念：
> 让"自说自话"的故事，为孩子插上想象的翅膀。

亲子阅读是目前育儿的热门词汇之一，也是众多父母在学习了先进育儿理念之后，付诸家庭教育实践的重要行动。家庭中的亲子阅读，父母采用的常规做法一般为两种。如果孩子年龄尚小，没有字词的基础且无法独立阅读，父母一般会耐心地给孩子讲解，孩子则更多扮演倾听者的角色。当然，很多父母也会根据阅读的具体材料和内容，与孩子进行一定的对话与沟通。父母大多会通过这种一问一答的方式，了解孩子对自己所讲故事的理解程度。如果孩子大了，基本可以独立进行书本阅读，父母更多会放手让孩子自行阅读，自己则起一个陪伴的作用。

其实，当孩子具备了一定的口头表达能力之后，亲子阅读可以从传统的讲故事走向编故事。家长们，可以试试编故事这种独特的亲子阅读方式，会起到不一样的陪伴效果。下面我们可以看一个真实的案例。

案例 16.1　"天天探险队"

天天是张无垠的小名，"天天探险队"是张无垠和他爸爸共同创作、编说的一个长篇系列故事。说的是张天天和他的两个小伙伴，小狗巴克利和小熊维尼，跋山涉水克服种种艰难险阻寻找宝物的曲折经历。

每个孩子都有自己的天性，张天天这个孩子理解能力比较强，但创造想象能力不足；富有好奇心，但有时胆子不够大；十分乐意与小朋友交往，但遇事往往以自我为中心。怎么办呢？爸爸在一次给孩子讲故事时冒出一个念头：创设一个虚拟的情境，让张天天经受一点锻炼。

"你跟小朋友一起到野外去旅行吧,背个包,爬山,摘好吃的野果子。爸爸妈妈不去,你们自己玩。愿意吗?"爸爸提议。

"真的去吗?"张天天有点犹豫。

"假装的,我们编一个小朋友探险的故事,里面有好多好玩的事情,怎么样?"爸爸鼓动说。

"好!爸爸你快点讲。"张天天兴奋起来了。

1. 竞争上岗

和哪个小朋友一起去探险呢?张天天决定带上他最喜欢的两个长毛绒玩具——小狗巴克利、小熊维尼。这两位分别是《芝麻街》和《小熊维尼历险记》中的著名人物,张天天早就通过画册和动画片熟悉了他们的故事,了解了他们的性格特点。

探险队成立了,应该有个队长吧,谁来当呢?这时候爸爸提出,当队长的得事事带头,要有本事,还要愿意帮助别人。三个小朋友,谁合适呢?于是爸爸提出疑问,张天天动脑筋想,两个人一起对探险队三个成员的特点进行了分析。

胖胖的小熊维尼有点好吃懒做,吃光了小兔瑞比家的一大罐蜂蜜,肚子胀得都卡在窗户里了。这样的人不能当队长,首先被排除了。

张天天很想当队长,可巴克利也想当。怎么办?爸爸认为应该比较一下各自的优缺点。比如巴克利有几条优点:勇敢、力气大、灵活、跑得快、吃饭好、鼻子很灵,最重要的是遇事带头干,愿意帮助人。

张天天听着听着,脸色有点尴尬。爸爸适可而止,指出张天天也有不少长处。比如:会数数、会做算术、会打扑克下象棋、愿意和小朋友一起玩,还会看地图、看天气预报,这两个本事很重要。

"那么张天天能不能当队长呢?小熊维尼同意吗?"爸爸问。

"同意!"张天天急着喊。

"他的缺点（比如做事拖拉、爱哭鼻子）能克服吗？"

"能！"张天天使劲点了点头。

巴克利也很大度，同意给张天天一次机会试试。张天天终于当上了队长。

2. 迎接挑战

第一个故事编完，张天天情绪高涨，要求探险队马上出发。好吧，往哪里走，怎么走？爸爸因势利导，与张天天进行了一番探讨。对话中包含了两个故事：《三棵树》和《准备行装》。前一个故事确定了探险的目标，也就是通过了张天天的建议，决定到大山里去寻找蜂蜜树、肉骨头树和糖果树。后一个故事是以超市购物为背景，考虑了探险途中的衣食住行问题。探险队该带些什么东西呢？张天天动了不少脑筋，但由于经验不足，考虑往往不够周全。爸爸给予了及时的提醒和启发，比如建议每人带一根绳子，并让张天天设想绳子的用处：捆行李、拉帐篷、晾衣服、系鞋子、救人等等。张天天在购物的过程中增长了知识，开拓了思路，也懂得了遇事要考虑他人。

探险队上路以后，故事情节便随着想象的翅膀飞翔，曲折多变，险情迭出。包含的主题有"攀岩""落水""下雨""做饭""生病""迷路""遭遇猛兽"等等。在三个小伙伴中，胖乎乎的小熊维尼是以一个弱者的形象出现的，时时需要别人的帮助。小狗巴克利勇敢坚强，可惜遇事容易冲动，思考不够周密。因此张天天作为队长，责任就很重，他的意识、能力、态度不断地受到挑战，同时也在应对中得到发展。

3. 认识自我

编故事，要像上海话说的"弄得像真的一样"，要"煞有介事"。孩子有了一种身临其境的感觉，喜怒哀乐表露无遗。这时家长以一个参与者的身份来提醒、建议或说服，孩子比较听得进去，往往可以收到说教所不达到的效果。在《准备行装》中，张天天买了一顶帐篷。三个小伙伴背着大包小包，兴高采烈地走出超市。爸爸有意识地问道：

"帐篷谁背着呢？"

"巴克利。"张天天笑嘻嘻的，有点不好意思。

"巴克利表现不错，但你是队长，应该带头的吧？"

"要是我背不动了怎么办？"张天天感到问题有点严重，想找个推脱的理由。

"那可以跟巴克利轮流背，但队长应该先带头，对吗？"爸爸的意见合情合理。

"对。"回答虽然有点勉强，但总算明白事理。

在以后几天的故事里，爸爸都适当地提醒和强化张天天的这种"领导和服务"意识。对于比较严重的问题，就提出"改选队长"，编一个探险队全体队员大会的故事。弄假成真以后，张天天还是很珍惜这份荣誉，哭着鼻子承认错误，重新获得了队友们的信任。后来有一次探险队出发时，张天天有点自豪地告诉爸爸：

"小熊维尼病了，我帮他背包。"

4. 故事及其尾巴

随着故事的发展，编创的难度便逐渐增大。故事的细节部分可以让孩子发挥想象力来补充，而主题和结构还是要靠大人来构思的。在天天探险队的故事里，先后又引进了小熊芝芝（电视《东芝动物乐园》）和定定妹妹（朋友家的一个小女孩）两个小伙伴。探险队的人多了，事也就多了，从中可以生发出新的情节。灵感的另一个来源是中外儿童文学名著，例如《爱丽丝漫游奇境记》《苦儿流浪记》等故事中都有精彩的构思可以借鉴。在山穷水尽之时，妈妈也会在旁指点迷津，"找糖果树有什么意思啦，光想着吃了，应该去寻找快乐！"于是探险队柳暗花明，踏上了新的征途。

天天探险队的故事每集大概讲十多分钟，头几天，每天至少编两个，以后频率降低，前后一个多月大约编了三十多个故事。后来小小班放暑假了，由于生活节奏的变化和孩子兴趣的转移，故事也就告一段落。也许探险队休整一个时期以后，还会再度出发吧。①

上述是一个亲子共同创编故事的精彩案例，较为详细地介绍了父亲是如何一步一步引导孩子每日进行故事创编的过程。如果你识字但不是一个很善于表达的人，讲故事至少给你提供了现成的材料，你只需要对着故事书照本宣科、读一读念一念即可。显然，编故事要比讲故事复杂得多。既然，编创故事是有一定难度的，那为什么我们又积极推荐给父母们尝试着做一做呢？其实，编创故事益处多多，最重要的有以下两方面原因。

第一，编故事让儿童的学习从被动走向主动。

亲子阅读最初也是最重要的动因，就是希望孩子通过故事的阅读掌握一定的知识。从教学角度，讲故事是最传统的一种讲授方法。即使故事再生动有趣、引人入胜，孩子也仅仅是在父母的讲授中被动地接受信息和知识。而编故事则与讲故事完全不同。父母和孩子会选择什么样内容主题的故事，故事如何一波三折地展开，有哪些精彩纷呈的情节，这些都不可能明确加以预设。通俗地说，编故事就像一次没有明确目标的探索之旅，过程充满了不确定性、偶然性。所以，孩子在这样的阅读过程中，伴随而来的学习一定是从接受式逐步走向探究式的。科学研究表明，调动主体积极性以参与探索方式的学习效果要好于一味地接受和知识灌输，更有利于培养孩子的主体意识和创新精神。

创编故事，离不开有创意的故事构思，更离不开精彩的故事叙述。让孩子从被动接受式学习转向了主动探究式学习，不仅培养了孩子主动学习的思维品质，也在日积月累中锻炼了孩子的口头表达能力，对孩子将来的

---

① 本案例由上海市教育科学研究院张肇丰老师撰写。

表达及写作等方面的能力都有很大的帮助。

第二，编故事让父母的教育从说教走向情境教育。

教育孩子，父母最常用、也最擅长的方法就是摆事实、讲道理。在父母认为对的点上，或是碰到各种各样的问题时，父母往往以过来人的身份给孩子讲一通大道理，希望孩子在自己的一番苦口婆心的教导下，能够明事理、讲道理。可是这样的教育方法在现实生活中能够起到多大的教育效果呢？效果显然不是很好。其实，随着孩子年龄的增长，他们会越来越不喜欢父母以过来人身份的说教，即所谓"倚老卖老"。现实生活中，孩子往往会嫌弃父母唠叨、说教、喋喋不休。其实，父母要达到教育孩子、传授知识的目的，说教只是一种常见的方法，但并不是最有效的方法。

相比空洞的说教，情境教育是非常宝贵的教育资源。情境具体而不模糊，对人有直接的刺激作用，还能激发人的情绪情感。因此，父母应通过情境的创设和利用，有效地促进儿童的发展。编故事是一个帮助父母创设教育情境的绝佳过程。一般而言，父母讲述故事是为了让孩子去体验主人公的故事情境。而创编故事，则是让孩子直接以主人公的身份在虚拟的故事空间与现实的生活空间交错中去体验、去感悟。这样的教育效果当然会远远好于一味口头的说教。

很多父母觉得编故事很麻烦，不如讲故事简单，有时也会担心自己是否有足够的知识和能力给予孩子编创故事的指导。此案例给所有的父母提供了一个很好的范本，也打开了亲子阅读新的思路。其实，和孩子一起编故事，重要的是父母的理念，以及理念指导下的行动的跟进。当然编故事还是需要一定的准备和技巧，不过这些技巧都是可以在实践中边学边尝试边创新的。

第一，父母该糊涂时糊涂，不该糊涂时坚决不糊涂。

我们倡导"每天和孩子一起编故事"，让这种生活习惯成为孩子学习、父母陪伴的一种方式。作为学习与陪伴的方式，父母就要讲究行动的策略，要处理好亲子双方在编创故事过程中的角色定位问题。总的宗旨，孩子是编故事的主体，而父母则应该是编故事的主导。通俗的说法就是，父母在该糊涂时糊涂，不该糊涂时坚决不糊涂。

编什么方面的故事，是很多孩子碰到的首要难题。有些孩子会一筹莫展、毫无头绪，甚至产生畏难情绪。由于孩子年龄以及知识结构方面的限制，父母可以对孩子感兴趣的故事框架加以适当地引导，就好比给孩子的独立学习先提供一把拐杖。当然，更为重要的是，父母要能够根据自己孩子的性格、心理特点，把教育的道理设置成关键性的教育主题或情境，巧妙地起到潜移默化的教育效果。比如案例中的天天爸爸，根据张天天的性格特点有意识地把探险主题扩展到"攀岩""落水""下雨""做饭""生病""迷路""遭遇猛兽"等等既符合探险的故事情节，又能够用各种情境磨练张天天意志品质的故事主题上。

编创故事是个性化的教育过程。故事怎么铺开，怎么起承转合，怎么设置具体的细节，只要孩子能够胜任，父母就该糊涂点，大胆地放手让孩子自己发挥想象的力量。当故事中碰到问题时，父母可以与孩子一起商讨，也可以故意装糊涂。要激发孩子想象和表达的欲望，并通过提示和点评式的语言予以肯定和鼓励。

第二，父母陪伴孩子编创故事要以童真、童趣为出发点。

父母教育孩子常犯的错误之一，是父母往往会忘记自己曾经也是一个孩子，以成人权威自居，缺乏童真和童趣。为了激发孩子编创故事的兴趣、保有"每日一编"这样坚持故事创作的热情，父母陪伴孩子编创故事最好从很多细节方面关注儿童的生活世界，讲究童真、坚持童趣。

童真、童趣从哪里来？一是多听听孩子的想法。二是从日常生活中来。编创的故事，需要有故事主角。父母们不妨让孩子们自己选择故事主角，有的孩子会用他心爱的玩具伙伴做故事主角；有的孩子会挑选自己喜欢的动画片，将动画人物参与到自己创作的故事中来，比如案例中张天天小朋友选择的就是小狗巴克利和小熊维尼，这两位分别是《芝麻街》和《小熊维尼历险记》中的著名人物；有的孩子会用自己身边的小朋友，比如同学、邻居等等，和自己一起参与故事的体验。这些故事主角，要么是小朋友生活中平时接触过的，要么是各种书籍电视中相伴成长的角色，他们熟悉而没有陌生感，编起故事来孩子就特别有"代入感"，就像故事真的发生了，就发生在身边的伙伴身上一样。同样，编创的故事，也是需要有生动的情境和曲折的情节。父母们，也不妨以生活中常见的场景、生活中发生的真实事例穿插于故事中，一定能增加不少趣味性，包括家庭里的趣事也能成为引发孩子兴趣的重要资源哦！

第三，父母适当学习一些编创的技巧，如设置悬疑、现场体验等等。

其实，编故事也和讲故事一样，是口述写作的一种形式，忌讳平铺直叙、一统到底。和写作文的毛病差不多，有的孩子会在叙述一件事情的时候记流水账；而有的孩子呢，干巴巴的叙述没有细致的描绘、引人入胜的情节。所以，起学习拐杖作用的父母必须采用一些编创的技巧，对孩子加以适当引导。常见的技巧如设置悬疑，可以在编到关键地方有意识地停下来，发挥孩子的想象力来设想几种可能的故事走向。也可以尝试让孩子进行故事接龙，父母和孩子交替着相互接龙，每个人的想象是不一样，在一个故事中相互交叉会有意想不到的好效果。碰到孩子生活中的主题，父母也可以带着孩子去实地体验一番再做编创。比如超市购物，要引导孩子先做一些细节上的观察，再将观察到的结果真实反映到故事中来，这样编出来的故事一定不会枯燥乏味。

17. 陪孩子看电视节目

> 家庭教育碎碎念：
>
> 三流的父母为孩子花钱，二流的父母为孩子花时间，一流的父母为孩子花心思。

在现实生活中谈到如何陪伴孩子，父母们往往会倾向于亲子阅读、亲子游戏、亲子运动这些方式，多数父母对"陪孩子看节目"会持一些保留意见。实际上，在许多家庭的日常生活中，娱乐活动是成人度过闲暇时光的主要形式，这其中就包括观看各类节目，涵盖电视、电脑、手机等各种媒体上播放的节目。那么，为什么父母自己喜爱看各类节目，而不大愿意陪孩子看节目呢？理由概括起来一般有二：其一为"浪费时间说"；其二为"低级幼稚说"。在父母看来，节目与阅读、游戏、运动相比起来，教育意义不强，知识含量太低，不仅学不到多少有价值的内容，还容易因为长时间观看把眼睛看坏了，早早变成"眼镜宝宝"。既然如此，还不如让孩子减少看节目的时间，把宝贵的时间花在更有意义的学习上去。

即使父母同意让孩子看他们喜欢的节目，对于成人而言，他们会更愿意选择让孩子独自观看，而不是在一旁陪着。如此一来，他们可以把孩子暂时托付给电视、电脑这样的"电子保姆"，让自己在繁重的工作之余歇一歇，可以随心安排自己的闲暇时间，过自己的娱乐生活。在有些父母眼里，孩子喜欢看的节目，如动画片等，十分低级且无趣。从儿童视角出发的一些儿童节目，因为要符合儿童的认知特点，在制作形式上往往内容简单、语言幼稚、结构重复，这些元素都会让父母提不起兴趣。偶尔陪看一两次，有些父母会勉强坚持一下，但长久坚持估计有相当大的难度。

其实，父母陪孩子看他们喜欢看的节目，既不是浪费父母和孩子时间的无聊之举，也不是毫无营养的仅是陪孩子找乐子的小事。父母们在观念上必须明确以下两点。

第一，陪看是父母花时间、花心思的过程。

在家庭教育中，父母陪伴孩子有三重境界：花钱、花时间、花心思。花钱是最基本最常用也是父母最容易做到的方式。现在生活水平提高了，在衣食住行上父母一般都很舍得给孩子花费较多的钱、配备相对高档的物件。可是随着生活节奏的加快，父母的工作压力加大，在获取经济收益的同时也牺牲了大量的生活、休息时间。休闲时间少、陪伴孩子的时间更少，这成为很多父母的生活常态。如果父母在教育孩子、陪伴孩子的过程中不仅愿意投入金钱和时间，更愿意在陪伴的过程中用心去了解孩子，与孩子互动，这才是真正的陪伴。

对于低年龄段的孩子，他们的娱乐和学习都是糅合在生活中的。在儿童眼里，观看自己喜欢看的节目，无论是动画片、故事片还是娱乐节目，就是他们日常生活的组成部分。对父母来讲，陪孩子看他喜欢看的节目，就是与他们共同经历生活。既然如此，父母应该花时间、花心思经营好与孩子在一起的看节目时光。在这个过程中，父母也要做到"人在心也在"。

第二，陪看有利于增进理解，促进亲子关系。

和谐的亲子关系有赖于积极的亲子沟通。亲子间的沟通当然也需要合适的话题，把孩子感兴趣的电视节目作为交流的话题，很多情况下是一件惠而不费的事情。父母要以孩子喜欢的娱乐节目、电视节目作为交流的内容，有一个前提条件就是要对这些节目有所了解，陪着孩子一起看，应该是一个不错的选择。

通过陪看节目，家长实际上与孩子进行了零距离的接触，可以真实观察孩子喜欢的节目的具体内容，了解他们为什么会喜欢看这些节目，他们在其中是如何付出真情实感的。在这个基础上，家长再适时与他们进行交流，谈论他们喜欢的节目内容。在这种情况下，孩子们会生出遇到知己的感觉，会非常乐意与家长交流自己的想法。随着亲子双方愉快交流的增加，双方之间的理解，尤其是家长对孩子的理解加强了，亲子之间的关系也会朝着有益的方向迈进。

父母陪孩子看电视节目，需要注意的细节有以下几个方面。

第一，父母要引导孩子的观看兴趣。

兴趣是可以培养的，对未成年的孩子来说，兴趣也是可以引导的。父母在陪同孩子观看电视节目时，不能因为孩子想看什么，就给他看什么，而是要对适合孩子看的节目有大致的了解，对孩子当前感兴趣的节目有一个评判。假如判断的结果是：孩子当前喜欢看的节目，并不怎么适合孩子的健康成长，并不能较好地促进孩子的身心发展，那么，父母就有必要介入其中，帮孩子重新选择电视节目。在这个过程中，父母要引导孩子发现某些节目的"亮点"，激发孩子看一看、想一想的兴趣。当然，父母也要注意避免强硬地要求孩子改变兴趣。

第二，父母要制订好观看节目的规则。

没有规矩，不成方圆。陪看的过程，是父母建立、完善执行规则的过程。那么，在陪看过程中，父母与孩子一起要建立哪些规则呢？

比如，时间规则。看电视节目不加限制的话，孩子们由于自制力较差，容易忘乎所以，时间长了伤眼伤身。因此，父母在陪伴孩子看节目时，要有意识地与孩子确立时间规则。具体内容包括：每天最多可以看多少时间，每次最多可以看多少时间，最晚不能看到什么时间等等。

又如，沟通规则。陪看节目的过程，应该也是亲子沟通的过程。父母要让孩子知道，看电视节目、娱乐节目不是目的，重要的是，要通过看节目学到一点什么，能形成自己的一点思考。而且，要把自己的想法与父母交流沟通。当然，对于年幼的孩子来讲，很难做到这一点。此时，父母可以在节目过程中、节目结束后，给孩子做些讲解，提些问题，并在孩子回答后作出回应。

第三，父母要把节目与生活联系起来。

电视节目的素材来源于生活，与现实生活有着千丝万缕的联系。父母在陪看的过程中，要善于把握其中的联系，在了解孩子的喜好、知识结构、个性心理特点的基础上，引导孩子将对节目的兴趣转移到学习与生活中。

案例 17.1　节目只是媒介

这天晚上，他正津津有味地看《名侦探柯南》，我故意拿着事先准备好的《福尔摩斯探案集》装模作样地翻看。电视里正放到即将揭开案件谜底的紧张时刻，我有一句没一句地说："肯定是某某干的……"他转过脸来看了我一眼，没吭声。当动画片结束后，结局真的是某某干的坏事，他忍不住问我："妈妈，你怎么知道的，你看过啦？""没有呀——"我眯着眼睛，吊足他胃口。"不可能，那你怎么知道的?!"他拉着我的手，一定要问个明白。我把手里的书在他面前晃晃，告诉他《名侦探柯南》就是按照《福尔摩斯探案集》来改编的。他不信！我又翻开扉页给他看作者，当他看到"柯南·道尔"几个字的时候半信半疑地接过书翻看起来。可是书的开始部分并不吸引人，他看得有些不耐烦了。我及时和他说说我看到的精彩片段。他听得痒痒的，以此鼓励他看下去。没几天，他已经有变化了。每天做完作业，他就会去翻看那本书，或是睡觉前一定要看几页。

现在的他还是电视迷，但是我不用担心他看电视没完没了。他会看好时间，告诉我"我几点几分开始看的"。他看的书也多了，除了厚厚的《福尔摩斯探案集》以外，他还阅读了《海底两万里》《绿野仙踪》等，看得入迷时，谁叫他都不理。当初，我精心挑选《福尔摩斯探案集》，只是想作为联系动画片和图书的桥梁，希望它能为我的孩子打开阅读的大门。至于今后的发展，肯定还需我和他慢慢努力的。改造孩子真的需要家长的智慧，需要家长不懈的努力。孩子在成长，做家长的也在成长。①

案例17.1中的妈妈在陪孩子看动画片《名侦探柯南》时，故意装模作样地翻看《福尔摩斯探案集》，并且不时地插话，引起孩子的注意，激发孩子主动在看完节目之后提问题。通过一番对话交流和多次的鼓励引导，成功地催发孩子阅读图书的兴趣。虽然孩子还是一个"电视迷"，但难能可贵的是，通过陪看和引导，也让孩子成了一个"读书迷"。

---

① 该案例由上海市宝林路第三小学学生家长徐袁扬撰写。

（四）用心的关怀

父母对孩子的关爱之情，是父母的本源之爱，天经地义，人之常理。但在实际的家庭教育过程中，我们不难发现，有些父母忙于工作，对孩子存在较多的忽视。在某种意义上，人为的忽视、缺乏情感的交流比父母不在场后果还要严重。目前，家庭物质文化日益丰富，父母对孩子的关怀会更多地以物质的形式呈现，重身轻心、重养轻教的情况相对更为严重一些。

其实，用物质的方式给予孩子关怀仅仅是关爱的最起码要求，父母更多的是要关注孩子的精神世界，观察孩子日常生活中的喜怒哀乐，解决孩子精神成长中存在的问题。

18. 给孩子以精神关怀

> 家庭教育碎碎念：
> 我们要像对待荷叶上的露珠一样小心翼翼地保护儿童的心灵。
> ——苏霍姆林斯基

随着经济的发展，物质文化日益丰富。反映到家庭生活中，家长有更多的财力去满足孩子的物质需求，特别是当前家庭结构中普遍是家长多、孩子少，许多家庭对孩子比较溺爱。在物质需求方面，孩子的祖辈、父母会尽力去满足；但面对孩子的精神需求，精神成长中存在的问题，父母却显得软弱无力、消极放任。也就是说，在孩子的精神关怀方面，面对孩子在精神上的问题，许多父母退缩了，"隐形"了。实际上，孩子在精神上常常是柔弱的，是需要成人支持的。父母对孩子精神关怀的缺位，危害不小，不仅影响孩子的日常交往，也影响孩子在学校中的学习与生活。

案例 18.1　倔强的"黄头发"

小乔是一名高一新生。新生家访时，班主任李老师发现小乔的头发染黄了，心想可能孩子是因为放暑假好玩才染的，开学应该会染回来的。小乔妈妈眉飞色舞地介绍着孩子的特长——扎染，展示着她的作品。说心里话，除了头发，李老师对小乔的第一印象还真不错。

不料，开学时小乔居然就顶着那头黄头发来报到了。军训的时候，她嫌弃新发的校服不合身，其他女生都凑合穿了，她坚持穿着自己的牛仔裤；再加上染黄的头发，在队列里特别醒目。李老师提醒她，中学生不能染发；走近一看，她手指上还戴着戒指，于是告诫她中学生也不能佩戴首饰。小乔一言不发取下戒指。第二天早上，教官让小乔出列，她忽然哭得像个泪人，嚷嚷着要转学！李老师跟她谈心，小乔说学校食堂饭菜太难吃，规矩太多，管理太严。她还说，是她爸爸帮她填的志愿，全是她爸爸的错，却要让她来受罪。李老师一边倾听小乔的述说，一边安慰她。等她情绪稳定之后，电话联系了她妈妈。妈妈告诉李老师，小乔一早就打过电话给她，说要转学。孩子从小比较娇惯，妈妈希望她受点苦磨练一下，也希望老师能多多包涵。

开学后小乔的头发只是变成了棕色。早操时体育老师给她纠正动作，发现她又戴上了戒指，让她摘掉，她不情愿地摘掉了，可没多久又戴上去了。开学的几次考试，她的成绩屡屡亮起红灯。家长开放日的时候，她妈妈找到老师，说孩子对学校意见很大，问是不是学校规矩太严苛了，本来在初中时成绩还可以的，现在好像学习也跟不上了，每周日返校的时候都会在家大哭一场。

才开学没多久，小乔已经跟好几门学科的老师有过或大或小的冲突。在这期间，李老师跟小乔谈心沟通不下十次。但感觉只是暂时平复了她激动的情绪，不知道她下一次爆发又会是什么时候。①

"倔强"的黄头发小乔仅仅是因为染黄颜色的头发而产生各种问题吗？答案显然是否定的。一头黄发只是小乔突出、外显的标记，仅仅是一些事件的导火线而已。细细读来，倔强、任性、懒惰、娇滴滴、情绪化、学习动机弱、抗挫力不强等这些标签都可以用来形容这位小乔同学。班主任老师几次三番的谈心也收效甚微，显然，她是一个令教师头痛的学生。

但我更想说，她是一个十分需要帮助的孩子。她需要教师的帮助，更需要来自家庭的支持和作为。"冰冻三尺，非一日之寒。"问题学生的背后，必然有一个问题家庭。问题家庭，有的表现为家庭结构的支离破碎，有的表现为家庭教养的偏差错误，有的则表现为家庭教养的放任不力……案例18.1中的小乔，必然也有一个问题家庭的存在。父母非理性的家庭教育，日积月累造就了小乔上述羸弱的"精神气质"。下面，我们试图结合案例中的只言片语，分析家庭教育带给小乔的伤害。

第一，溺爱型的教养方式导致孩子过度自我。

家庭教养方式是在父母与儿童的相互作用中形成并分化的，它是造成儿童社会化水平高低不同的重要原因之一。从不同的角度，教养方式可以有不同的分类。一般而言，教养方式可以分为溺爱型、专制型、权威型、放任型等基本形式。研究表明：权威型教养方式有利于儿童的社会化。但

---

① 朱孔洋. 倔强的"黄头发"[J]. 现代教学，2014（9）.

在实际生活中，仍有相当比例的父母采取非权威的教养方式，其中以溺爱与放任这两种极端化方式居多。

独生子女的政策在我国持续了30多年，目前国内家庭普遍呈现"四二一"的家庭结构模式，即四个祖辈家长、两个父母和一个孩子。与"四二一"家庭结构相伴相随的往往是宠爱有加的家庭教养方式。唯一的孩子成为独生子女家庭、六个大人生命的延续与生活的企盼，孩子当仁不让地成为家庭生活的中心。父母会竭尽所能给予孩子充分的照料和爱护。而祖辈，更是在"隔代亲如天"的情感因素下，对孩子溺爱无边。即使祖辈不与孩子共同居住在同一个屋檐下，相当多的孩子在0～11岁的学前、小学阶段，受到祖辈给予充分生活照料的也占了绝大多数。沪上某普通高中在家长调查问卷中，"请将对孩子的宠爱程度用1到5表示，1为最低等级，5为最高等级，你认为自己达到哪个程度？"父母中至少有一方认为自己非常宠溺孩子的达到了总数的42.0%。

父母的溺爱，容易无条件满足孩子，导致孩子以自我为中心的思维方式和行为习惯。如案例中的小乔，遇事我行我素，根据自己喜好染黄发、戴戒指，甚至在教师严令禁止下还偷偷佩戴戒指。父母的溺爱，易骄纵孩子的不良行为，导致学生遇到一点点困难就会放弃逃避，要么对教师及学校产生对立情绪。如小乔开学后总是处理不好和教师的关系，"跟好几门学科的老师有过或大或小的冲突"，甚至吵闹着要转学。

第二，物质化的养育导致孩子缺乏良好的意志品质。

小乔说"学校食堂饭菜太难吃，纪律卫生规矩太多，管理太严""嫌弃新发的校服不合身，其他女生都凑合穿了，她坚持穿着自己的牛仔裤"……我们不禁感慨，小乔为何如此挑剔？其实，小乔只是众多口味挑剔的孩子的代表，他们奇葩的追求、过分的要求大多是被过度讲究物质养育的父母骄纵出来的。

的确，随着生活水平的提高和经济条件的逐步宽裕，多数父母对孩子在生活上是关心备至、有求必应，对孩子的吃穿用度更习惯以最高标准去配置。所以，现在的高中生从头到脚、从手机到电脑，追名牌追潮流并不是个例。甚至有一个17岁高中生瞒着父母偷偷卖了自己的一个肾，目的只是为了买苹果手机。即便是并不宽裕乃至清贫的家庭，也会抱着"再穷不能穷孩子、再苦不能苦孩子"的观念，尽量满足孩子的物质要求。生活中长期物质化的享受、有求必应式的满足，如精神鸦片般让孩子上瘾，造成学生的物质欲望越来越大，彼此攀比之心也日益增长，而无法专注于学习；使得有些学生沉溺于舒心的生活，而缺乏勤奋刻苦的精神；使得有些学生沉溺于现状，而懒于刻苦学习。

第三，重身轻心的互动模式导致亲子关系不良。

家庭应是孩子生活中温暖的港湾。案例中也提到了小乔对于自己父母的态度，如她怪罪"她爸爸帮她填的志愿，全是爸爸的错，却要让她来受罪"。一叶知秋，显然小乔与父母之间的关系远远没有达到亲子间沟通无间、信任、互助的和谐状态。

是什么原因导致亲子关系不良呢？一方面，在父母眼中，自家孩子样样好，容不得任何人的批评和指责。父母长期对孩子的骄纵，对孩子无条件顺从而不是有原则的回应。一旦父母的回应不能令孩子满意，孩子容易反过来责怪父母。另一方面，我们不得不审视小乔所处的年龄与年段特点。小乔，高一新生，即15岁左右的青少年，正处于青春发育的中期，经历了初中阶段突出的"发身"成长之后，情绪情感逐步内隐，表现为内心活动越来越丰富，但表露于外的言行却越来越少。同时，他们对友谊、对同伴的渴望非常强烈，希望有朋友来关心和理解他们。如果此时的父母还仅仅关注孩子的吃穿、重视孩子的身体发展而忽视孩子的心灵发展的话，孩子就会成为对父母无话可谈的"陌生人"。此时父母最直接的感触就是，孩子变得"独头独脑"了，与父母"难沟通"甚至"不沟通"了。

高中，是一个人从儿童期走向成人期的重要发展阶段。孩子从初中升入高中，面临着一个全新而富有挑战的环境：学业压力骤然增加、学校氛围相对陌生、人际交往重新建立等等。孩子面对"高一"这一危机境遇时自我尝试的解决方法不同，取得的效果也不一。其中不乏一些孩子因无法顺利、安全度过转折期而产生各种生理、心理问题。

面对青春期的孩子，父母要关心孩子的精神需求，要关注孩子的精神成长。在教育细节方面，父母需要注意以下方面。

第一，父母要与学校保持密切而良好的沟通。

孩子的健康成长离不开学校与家庭双方的良好合作。面对孩子的成长关键期，父母更应该正确认识到家庭教育在孩子成长中的特殊意义；掌握一定的教育心理科学知识，熟悉青春期儿童的心理发展规律和特点；在孩子面临"青春期危机"时主动与学校保持密切而良好的沟通，与学校教师共同努力，引领学生顺利度过学习生活的适应期。当孩子出现适应不良的现象时，父母不能一味责怪学校、指责教师，要以合作的态度积极解决问题。

第二，父母要学会从宠溺之爱走向理性之爱。

父母对孩子的爱，如流淌在生命躯体中的血液，人人皆有，抹杀不去。但这种爱都是父母的生理之爱，自然之爱。对于父母来说，他们对孩子有天然的血缘纽带，以及由此伴随而来的呵护和照顾，发乎身体的自然之爱容易走向极端的宠溺之爱。进入高中阶段，父母对于学业辅导经常会感到力不从心，但同时又对孩子的学业成绩异乎寻常地关注与在乎。为了高考成绩，父母常陷于"有求必应"的泥淖，对孩子的要求毫无原则，甚至包办代替。因此，父母们在育儿过程中更需要展示精神性的爱，对孩子实施一种理性之爱。

第三，父母要成为孩子精神成长上的朋友。

在现代社会成长起来的孩子，都已经有了良好的物质基础，他们真正缺少的是丰富的精神世界。似成人非成人的高中学生，他们从幼稚逐渐走向成熟，生活中更加需要空间、渴望理解、期待友谊。家长应该深刻认识到高中生孩子的生理心理特点，将其从追求学业成绩的圈圈中解放出来，更多地了解孩子的精神世界，帮助其理解人生的意义、生命的价值，树立人生的奋斗目标。如此，孩子才会感受到生活充实，有动力，也会更加珍爱生命；父母也不再是只盯生活起居的保姆，而成为孩子成长路上的朋友。

19. 早点去学校接孩子

> 家庭教育碎碎念：
> 父母尽量定期早点去学校接孩子，这种特殊时刻的亲子陪伴对于儿童来说是一种无法替代的爱的感觉。

去幼儿园或学校接孩子，是许多父母的一项重要工作。对于接孩子的时间，有的父母每次都会早到一些时间，有的父母则掐着钟点，有的父母则经常晚到。有的孩子会特意要求父母早点去接，有的孩子尽管嘴上不说，心里实则盼望家长早点去接，哪怕一两次也好。

经常早点去接孩子，是有益于孩子成长的。国外有一项调查发现：一个班里那些经常被最早接走的孩子，自信程度往往比其他孩子高，但如果固定被第一个接走的，往往虚荣心较强；相比之下，那些最后被接走的孩子，尤其是那些经常被最后接走的孩子，他们往往较内向，甚至有些自卑。[1]

在很多情况下，早点去接是父母关心孩子的一个重要指标，反映的是父母对孩子心理需求的满足。与此同时，早点去接孩子折射的是父母的责任心。因此，父母要安排好自己的时间，尽可能做到早点接孩子回家。那么，早点到底要早多少时间呢？是否每次都要第一个来接，或是排在接送孩子队伍的最前面？其实，每次第一个去接也大无必要，去接的时间有早有晚也属正常。只是，父母不要经常最晚去接，尤其是要避免总是最后一

---

[1] 孩子放学谁去接，早点去还是掐着点去，一个细节影响孩子的一生[EB/OL]. https://baijiahao.baidu.com/s?id=15588251272097800&wfr=spider&for=pc.

个去接。因为孩子总是或经常最后被接走,有可能会产生不被重视、不被关心的感受,在多次的翘首以盼中累积的孤独感和无助感,会影响到孩子的心理健康。

案例 19.1　孩子说早点来接我

情境一:

我博士后导师是美国人,他的老大刚上大学的前半年,他每两周开 6 个小时车去另一个城市接她回家,来回 12 个小时啊,你想想。但我们从没听他抱怨过,他只说在高架上如何飙车如何幸运地躲过警察,还有哪里加油便宜之类。

有一次我忍不住问他,"难道她不能自己回家吗?"然后他说:"孩子有些时候需要接她回家。"当时我没太懂(还没当妈)。

情境二:

上周,我家小朋友突然问我:"妈妈你明天可以早点来学校接我吗?""怎么啦?那个课外班不好玩吗?""没有,我就希望你早点来接我,一次就可以。"早接她的那天,看到小朋友从教室走出来时幸福的笑脸,我突然就懂了,小朋友就是需要一种爱的仪式(在课堂上当着大家的面被妈妈早早接走),来体会你对她的爱。①

案例 19.1 描述了两个故事情境。情境一中的美国父亲,半年内的时间,每隔一周都驱车 6 小时,去另一个城市接上大学一年级的女儿。尽管来回奔波要 12 个小时,肯定非常辛苦,但他没有抱怨。因为他深深地知道,女儿内心需要这种关怀。作为一个父亲,他以自己的行动和坚持,给予女儿满满的一份爱。

情境二的小朋友向妈妈提了一个要求,希望妈妈明天早点来学校接

---

①　晓杨. 哈佛幸福研究没有告诉我们,最好的教育只可能发生在这样的家庭[EB/OL]. http://www.vccoo.com/v/b44r6p.

她。尽管妈妈晚点来接，她可以参加课外班的活动，而且她也不觉得课外班不好玩，但她还是坚持要求妈妈早点来接她。因为她想通过妈妈早点来接她这种方式，向全班同学来证明妈妈是爱她的，她是一个幸福的孩子。

案例 19.1 的两个故事，都表明了孩子内心是非常需要父母亲的关爱的。有的家长会敏锐地意识到孩子什么时候需要这种关怀，自己则通过把握一些行为细节来给予恰当的关爱。有的家长则反应迟钝一些，等孩子发出明显的信号后，才去满足孩子的小小要求。当然，这也"犹未晚也"。最糟糕的情况是，孩子提出自己需要被关心的时候，父母却不当一回事，仍然我行我素，从而伤了孩子的心。

案例 19.2 最后一个被接回家的孩子

豆豆妈平时工作比较忙，总是经常把接孩子放学的事情给忘记，豆豆几乎每天都是最后一个被接回家的。

直到有一次家长会上，老师单独叫住了豆豆妈，说："每次一放学，豆豆就静静地坐在座位上低着头不说话，不时地看着班里的一个又一个小朋友被家长接走。"

当最后只剩下几个同学的时候，豆豆好像知道自己还会等好久一样，拿出课本默默地看书，虽然他什么都没有说，但作为老师，我看得出豆豆心里的委屈……

豆豆妈想起最初孩子和自己说过，想妈妈早点去接他，可是自己总因为各种理由搪塞豆豆。没想到孩子是这么的敏感……①

案例 19.2 中的豆豆妈经常最后去接孩子。尽管孩子已经向妈妈提出，希望能早点来接她，但妈妈只是以"各种理由搪塞"，没有满足孩子小小的要求。对妈妈的"无动于衷"，尽管豆豆没有说什么，但内心仍然藏着

---

① 孩子放学谁去接，早点去还是掐着点去，一个细节影响孩子的一生[EB/OL]. https://baijiahao.baidu.com/s?id=1558825127209780&wfr=spider&for=pc.

委屈与不甘。直到老师单独叫住了豆豆妈，说明了豆豆看到同学们一个个被接走的表现，妈妈才意识到孩子是那么的敏感，那么的需要被关怀。哪怕妈妈一两次早点去接，豆豆内心也会感到很大的满足，因为这是他长久以来的期盼。

  所以，父母应避免总是最后去接孩子。偶尔晚了，最好事先告诉孩子，让孩子知道爸爸妈妈不是不想早点去接，实在是有事脱不开身。假如临时有事而耽误了时间，那么在接到孩子时，更需要说明迟到的原因，并且要取得孩子的谅解。还有，假如父母基本上没时间接孩子，要么总是由老人接送，要么在社会看护机构托管，那么，不妨偶尔抽出时间来去接孩子，这样会给孩子意外的惊喜，孩子在那时候会真切地感受到父母的关爱。

20. 倾力支持孩子兴趣

> 家庭教育碎碎念：
>
> 做孩子永远的支持者，永远爱孩子，永远赏识你的孩子，而没有任何附加条件，这样才能让他真切地体会到父母的爱。
>
> ——约翰·杜威

人活一世，当有兴趣。培养、发展孩子健康的兴趣，是为人父母应有的职责。父母一方面要培养孩子一些有益的兴趣，一方面也要支持、发展孩子自己产生的健康兴趣。在对待孩子自发的兴趣方面，有一些父母对之带着功利主义的眼光，或以个人的喜好、主观的标准加以评判。比如，有的父母觉得孩子的兴趣，跟学习成绩关系不大，是不务正业。对此，他们不去反对就不错了，怎么可能会审慎地分析，并且对有益的兴趣大力支持呢？

其实，对于孩子的兴趣，父母不能简单地以功利主义的标准去证判，而不妨把眼光放得长远一些。只要孩子的兴趣是正当的，能促进身心发展的，无论是学习方面的，是艺术方面的，还是其他方面的，父母都应该给予大力的支持，不能当作是无用的、没有必要的。当然，父母也要帮孩子处理好兴趣与学业之间的关系、兴趣与个人未来发展之间的关系。

案例 20.1　孩子喜爱科技制作

刚上小学，儿子就爱上了做模型，虽然开始只是做一些纸质、木质的模型，却为他后来的成长打下了很好的基础。

爱动手肯学习的儿子得到了全家的支持。五六岁时，《十万个为什么》等知识类的书籍就成了儿子的最爱。上小学后，孩子妈妈出差给他买了一套浙江教育出版社出版的《中国少儿百科全书》。儿子实在太爱这4本厚厚的大书了，有时间就坐在椅子上、床上甚至地板上痴迷地翻看，遇到不懂的就问。当时家里还没有电脑，超出知识范围的，我和孩子妈妈就一起翻书帮助儿子查找答案。有时正在吃饭，儿子的问题我们不知道答案，就放下碗筷一起查书，非找到答案不可。结果常常是饭菜凉了需要重热，可是全家一起探求知识的经历，却是对孩子求知欲最好的鼓励。

一次，我看路边上有一台废弃的验钞机，觉得儿子一定会喜欢，就把它拣回家。儿子迫不及待地把验钞机拆开，发现了一个黄豆大小的电子元件，就对我说："爸爸你看，这个电子元件是光敏电阻。"我问："光敏电阻有什么特性呢？"他说："在光的照射下，一般光敏电阻的阻值会迅速减小。"然后他拉着我的手说："爸爸，您帮我买一段两米长的导线、一个开关、一个小喇叭、两节电池，行吗？"我抚摸着他的头说："爸爸明天一定给你买回来。"第二天，我买了他需要的东西，他接过来说声谢谢就忙回到自己的房间。第三天凌晨4点左右，正在梦中的我突然被"你好请开门"的声音叫醒，原来儿子放置在窗台上连接好的电路导通了。顿时我们都没有了睡意，全家人兴奋地分享儿子第一个电子作品带来的快乐，那场面至今记忆犹新，那一年儿子8岁。[1]

案例20.1的孩子刚上小学就喜爱做模型，长大就爱上搞一些科技小创造，父母亲深知这一点，并且不遗余力地支持。这种支持不是父母一方的支持，而是全家人的支持；不是口头上的支持，而是行动上的支持；不是一时的支持，而是长期的支持；不是小事上的支持，而是事无巨细的支持。案例中描述了几点父母全力支持孩子兴趣的行为细节，试分析如下。

第一，给孩子购买有关图书。兴趣的发展，需要不断学习新的知识。

---

[1] 韦文斌. 为孩子开启人生的可能性[N]. 中国教育报，2015-03-20.

当发现孩子的兴趣后，案例中的父母在孩子五六岁时，就提供《十万个为什么》等知识类的书籍。等孩子上小学后，又给孩子购买了一套《中国少儿百科全书》。阅读了这些喜爱的图书，好比给兴趣插上了知识的翅膀。

第二，帮孩子翻书寻找答案。孩子的兴趣激发了自己的求知欲，自然而然会提出很多问题。问题的答案，有的自己阅读图书就能找到，有的需要家长的帮助。在这个过程中，父母也不是随口解答疑问。案例中父母的做法是，帮着孩子翻书找答案。有的时候，耽误了吃饭也在所不惜，宁愿饭菜凉了重热，也要全家一起探求知识，鼓励孩子的求知欲。

第三，大力支持孩子的创造。案例中的父亲对孩子的兴趣了然于胸，看到路边的废弃验钞机，就拣回家作为孩子的"玩具"。果然，孩子看到后，就"迫不及待地把验钞机拆开"，并要求父亲买一些材料。父亲第二天就买回了材料。孩子拿回材料后就开始制作，很快就完成了"第一个电子作品"。

在父母毫无保留的支持下，案例中"小时候与其他同龄小朋友没有大的差别"的小男孩，长大后读了哈尔滨工业大学航天学院的研究生，成长为国家的科技人才，他带领的小卫星学生团队参加了全球大学生"QB50计划"。

阅读案例，我们欣喜地看到孩子从小兴趣就与他的学业方向、职业规划紧密地结合在一起。父母不需要督促，孩子就会为了兴趣，主动地学习，并且学有所成。孩子的兴趣能够开花结果，自然是父母们乐见其成的。在现实中，孩子的很多兴趣不见得都与学业相关，能够明显地促进学习，或能够为将来的职业打下牢固基础。对于此，只要孩子的兴趣有益于陶冶情操，有益于健全人格的养成，而且家庭又有一定的经济条件，那么作为父母，当予以物质上的支持，精神上的鼓励。或许父母在孩子兴趣上的"投资"，若干年后会成为孩子人生中可贵的一笔"财富"。

21. 保护孩子的想象力

> 家庭教育碎碎念：
> 假如你能偶尔偏离正轨，钻进丛林，你一定能够发现从未见过的东西。

想象力是强大的智慧力量，是创新思维和创新能力的基础。一个人的发展，离不开他想象力的发展。爱因斯坦说过："想象力比知识更重要，因为知识是有限的，而想象力概括着世界上的一切，推动着进步，并且是知识化的源泉。"

人在孩童时期，一般具有较为丰富的想象力。只不过受外在环境的限制，大多数人的想象力，在成长过程中被扼杀了。孩子没有经验的束缚，没有固定的、僵化的思维模式，易于进行天马行空的想象。可以说，每一个孩子都有巨大的想象力发展空间。

当然，孩子的想象力还显得稚嫩，有的时候还表现为"胡思乱想"。对于孩子的想象力，父母不能习惯地以成人的眼光来审视，认为孩子的想象力错漏百出、不切实际，从而批评、打击孩子。

案例 21.1 一起动手找答案

菲爸的三个故事，揭开了陈菲是同学心目中的发明家的秘密。

在陈菲上幼儿园时，有一次回家给他表演模仿快乐的动物，其中有大老虎走路的片段。他看着女儿模仿的大老虎走路，忙说不对不对，大老虎不是这样走路的。为了让陈菲明白大老虎到底是如何走路的，他就在周末骑着自行车带着陈菲到动物园去看大老虎，让女儿实地观察老虎，感受老虎由于脚上有肉垫，所以走路姿势是独特的。待她在幼儿园表演节目时，不仅形象，而且符合现实。

还有一次，陈菲的小牙掉了，菲爸跟她要来收藏，结果她说她想把小牙种在花盆里。原来，菲爸非常喜欢养花，曾给陈菲讲过种子埋在土里，经过浇水、施肥后会长出小苗，最后长大开花。知道缘由，菲爸就让她试试。

陈菲在四年级的时候，学到苏州河变清的书本知识，难以理解，回来问菲爸为什么。他又骑着自行车带着她，沿着苏州河一路走一路看，让她看到苏州河的水质、污水排放、周边环境，让她用亲眼看见的情况和书上的老照片对比。[①]

案例 21.1 中，面对陈菲各种各样的问题时，菲爸积极地保护她的求知欲，也发挥她的想象力，鼓励陈菲自己解决问题，而不是直接告诉她答案。看到女儿模仿老虎走路姿势不对，没有简单地说说就了事，而是带着她去动物园观察真实的老虎，让她有真切的、具体的体会。

当女儿提出种牙这种天马行空的奇思妙想时，菲爸没有指责和嘲笑，没有强力地纠正她的错误做法，而给予理解和支持，即"让她试试"。难怪陈菲坦言，自己创造发明最初的思维火花，来源于她这一次突发奇想的种牙。

面对陈菲难以理解的苏州河变清的书本知识，菲爸不是简单告诉她苏州河的历史，而是付诸实际行动，带着陈菲沿河一路观察。这样做，既给予她充分的想象空间，又教给她一种实地求证的思路和方法。

案例 21.2　孩子造纸的奇思妙想

今年的暑期作业很特别，是要和爸爸妈妈一起做"造纸"实验。强强觉得这真是件好玩的事情，可是没想到一开始就碰到了困难：书上说现代

---

①　郁琴芳. 用爱设计女儿成长之路——2016 中国新父母年度人物提名奖获得者陈沪铭亲子成长故事 [J]. 教育，2016 (52).

纸是用"木浆"做的,可木浆怎么做呢?把木头削成木屑?那多麻烦呀?一整天强强都在想着……

晚饭后和妈妈一起去散步,母子俩还在讨论这件事。走过一个建筑工地,妈妈说那里说不定有我们要的东西。

强强把找到的木屑捧回家,就开始浸泡,一天、两天……泡烂的木屑,却不成浆。强强又捣又捏,可是木屑却水屑分离,仍不成浆。

一家三口,端详着木屑水,边捡出没有泡烂的木屑,边讨论……强强突发奇想,说:"我们用豆浆机搅拌试试。爸爸你舍得吗?"爸爸慷慨相助,说干就干。在豆浆机搅拌的帮助下,木浆终于成了。

一家三口又忙着过滤,晒干,用擀面杖、用电熨斗整平。

自从第一张纸在这个家诞生后,乐此不疲的强强,又选用不同的材料造了好几种纸。如用废报纸造纸;用青菜的茎秆和杂草造纸;用破布和淘米水造纸等等。强强还学会了在他的纸浆里,添加漂白剂或各种颜色。爸爸为强强做了一个 A4 纸大小的,有纱网的木框,妈妈拿出了自己的电吹风,提供了微波炉。现在强强能很快造出纸了。[①]

案例21.2中,爸爸妈妈以实际行动支持强强的"造纸"实验。面对制作"木浆"这一难题,强强在试了浸泡、捏等方法后,突发奇想地提出用豆浆机搅拌。针对孩子的奇思妙想,强爸不仅没有批评和责怪,而是慷慨地贡献出了豆浆机,促成了木浆的制作成功。而后,全家一起用木浆制成了一张纸。

至此,强强的这项暑期作业算是圆满完成了。但是,强强"造纸"的兴趣被彻底激发了出来,而且打开了想象的空间,决定用不同的材料来造纸。对此,爸爸妈妈还是大力支持,不厌其烦地帮助强强。最后,强强不

---

① 本案例由上海市宝山区宝林路第三小学张如玉老师撰写。

仅能造出好几种不同的纸，而且，还开发了想象力，锻炼了动手能力和探究能力。

总之，想象力是稀缺的、可贵的资源，它有助于孩子将来活出精彩的人生。在日常生活中，父母要有意识地保护孩子的想象力。父母要营造出宽松的家庭氛围，让孩子自由自在地展开想象的翅膀。哪怕孩子提出幼稚的、可笑的想法时，父母也要肯定其积极的一面，给予力所能及的支持和鼓励，以保护孩子与生俱来的想象力。

（五）尊重与信任

尊重，是与人交往的基础，有尊重才有理解，有理解才能做进一步的沟通和交流。尊重，是人人都可以拥有，也是对人人都适用的品行。

随着家庭教育理念的日益普及，父母在书本、媒体的宣传指导下也逐步跳出"父母权威"的窠臼，树立起"民主""平等""尊重""信任"等家庭教育理念意识，学习如何在家庭生活中自然地、自如地放下成人架子，与孩子互相尊重、互相信任。当然，这些正确的家庭教育理念，落到实践中也很容易被父母、孩子念了歪经。毕竟，从原则到做法，需要父母正确的行为策略。

22. 与孩子商量

> 家庭教育碎碎念：
> 好的教育是要给孩子留有空间，留有让他自主思考和自主活动的空间，这样才能有利于他的成长。

有不少父母习惯于替孩子作决定。他们认为，孩子还小，很多事情没经历过，不能理解清楚，更没有处事经验。所以，在大多情况下，孩子的意见是无足轻重的，是不值得认真听取吸收的。在他们看来，自己肯定比孩子知道的多，自己的判断力和决定肯定强于孩子，很多事情作出决定后，只要命令孩子去遵守就可以了。

其实不然，父母不与孩子商量做事，而单方面替孩子作决定，表面上似乎少了很多事，节省了不少精力，实则养成了孩子的依赖心理。孩子今后遇到事情时，就会不愿意动脑筋，没有主见，就有可能养成"等靠要"的思想。因而，家庭中与孩子相关的事情，不妨听听孩子的想法，尊重孩子的意见，与他们商量着做。与孩子商量作决定，有着不少的好处。

第一，有利于让孩子感受到尊重。

与孩子商量着作决定，意味着把孩子放在平等的地位上，意味着父母要从孩子的角度考虑问题。两代人商量着作决定，体现了相互之间的尊重，尤其是可以让孩子觉得自己是被重视的，是被尊重的。不管对大人来说，还是对孩子来讲，尊重的需求都是基本的心理需求。根据美国心理学家马斯洛的需求层次理论，尊重需求属于较高层次的需求，仅次于自我实现的需求。① 一旦这种需求得不到满足，孩子容易产生逆反心理，或者产生一些负面的情绪。

第二，有利于培养孩子的动脑习惯。

与孩子商量着作决定，能够促进孩子独立地思考，有利于培养遇事多动脑的习惯。孩子在与父母商量中，要维护自己的权利，提出有针对性的意见，就要多多地思考。很多时候，孩子由于没有相关的经历、经验，就需要动手去学习新的知识，花心思对有关信息进行研究、评判，这样才能说出有见地的想法。假如父母不与孩子商量就作决定，那么孩子就缺少机会去思考，去探索，去主动地寻求答案。即使孩子在这个过程中，会走一

---

① 马斯洛需求层次理论由美国心理学家亚伯拉罕·马斯洛在1943年提出。他将人类需求像阶梯一样从低到高按层次分为五种，分别是：生理需求、安全需求、归属与爱需求、尊重需求和自我实现需求。

些弯路，会多花费父母的时间，但孩子的思维得到了锻炼，自己动手动脑的习惯也得到了培养。

第三，有利于促成问题更好地解决。

与孩子商量着作决定，加强了父母与孩子的相互认同，如此形成的决定更易于实施，更加能够促成问题的解决。在商量的过程中，父母与孩子都要说出自己的想法，而只有双方都认同的意见和做法，才会形成共同的决定。共同的决定，少不了会吸收孩子的意见，或者至少得到孩子的认同。在执行过程中，孩子为了证明自己的想法，就会积极主动地参与，把自己当成主人翁，而不是旁观者。家庭中与孩子相关的事务，只要孩子遵守共同约定了，都积极参与进来了，还有什么问题是解决不了的呢？

第四，有利于营造良好家庭氛围。

与孩子商量着作决定，既给孩子提供了平等参与家庭事务的机会，又促进了和谐民主家庭氛围的营造。在这样的家庭氛围中，父母会形成与孩子磋商的习惯，孩子也会渐渐养成开朗的性格，愿意事无巨细地与父母商量沟通。父母与孩子的共同协商、沟通，可以增加相互之间的了解，增进双方的同理心和感情，促使全家生活得其乐融融。并且，还可以有效避免家庭中许多无谓的争执，避免亲子之间的不理解、对立和冲突，以及代沟的产生。长期生活在如此家庭氛围中的孩子，也愿意与他人沟通、协调，愿意与他人平等地共处，在社会中，也能更多地得到尊重和友谊。

既然与孩子商量作决定能收到多方面的成效，那么，父母怎么样才能做到与孩子平等地商量呢？又需要把握哪些原则呢？一般来说，需要把握的基本原则是：凡是与孩子相关的事，尽可能与孩子商量着决定。下面，我们将结合案例22.1来谈谈其中的一些要求。

案例22.1　你希望去哪儿旅游

经过和妻子的一番谋划，我叫来了女儿。摸着她的小脑袋，我故作严肃说道："小楠，爸爸想问你一个很重要的问题。"女儿疑惑地眨着大眼睛，"如果可以的话，你希望爸爸带你去哪儿旅游呢？""问我吗？可以吗？可以让我自己决定吗？太好了，耶！"女儿兴奋得一蹦三尺高。

女儿一听到我们要听她的建议，非常高兴。她马上跑到书房找出了中国地图、世界地图和有关旅游的杂志，开始认真地查找起来。一边查找，一边问我，"去云南好不好？""去西安行不行？""去西藏可不可以？"……

对于女儿提出的每一个建议，我都很耐心地聆听，详细询问，"为什么要去那？去那儿能看到什么？又能玩到什么？"开始时，女儿也不知道，说不出个所以然来。我知道，实际上女儿心中并没有找到真正想去的地方。后来，她黏糊到我身边，捧着我的脸，求助道："老爸，我什么地方都想去，实在没办法决定，还是请你决定吧！"

"小楠，也许你们学过的课文中，或是你看过的课外书上，介绍过一些有趣的地方，我们也可以去那里旅游啊。"女儿一听，拍着双手说："老爸真聪明！对啊！我怎么没想到呢！"于是，她立马翻箱倒柜，找出了一到三年级的语文书和所有的课外书，一课一课翻阅起来。整整一个下午就坐在书房看，而且想了很久，最后她决定去庐山旅游。她很想看看庐山的山和水，是否真的如书中描写的那样神奇与美丽。那天，她给我读了李白的《望庐山瀑布》：日照香炉生紫烟，遥看瀑布挂前川。飞流直下三千尺，疑是银河落九天。

"太好了！女儿，你找到了这么美的一个地方。那我们就一起去吧。"

"可是，我们怎么去呢？坐飞机？坐火车？还是坐汽车？"

"嗯，这三种方法都有好处，也都有不足之处。你可以上网了解一下！"

在我的帮助下，女儿通过网络了解了这三种出行方式，并且自行归纳出了它们的优劣：坐飞机最快，但最费钱，三个人的飞机票要好几千元，不划算，而且路上看到的东西少，没有旅游的感觉，放弃；坐汽车，钱是省了，但长途跋涉，太累，而且我还晕车，放弃；坐火车，价格适中，不会晕车，有卧铺，可以在火车上过夜，太有趣了，就它了。①

案例22.1描述的是一位父亲与女儿商量去哪儿旅游的故事。分析案例中父亲的做法，有几点行为细节值得我们学习借鉴。

首先，给予孩子决定旅游地点的机会。在决定全家去哪儿旅游这件事上，案例中的父母没有直接拍板，没有自己定好旅游地点，而是充分征求女儿的意见。这种做法，体现了父母在家庭事务上，充分发挥与孩子平等协商的精神。一开始，父亲只是泛泛地征求女儿去哪儿旅游。算起来，这是案例中父女的第一次商量。

其次，仔细倾听孩子去哪儿旅游的想法。对于去哪儿旅游，案例中的孩子也没什么成熟的想法。她只是找出中国地图、世界地图和有关旅游的杂志，随意地提出去云南、西安或去西藏旅游的想法。对此，父亲仔细地聆听，并询问作出如此决定的理由。虽然女儿没什么成熟的想法，但父亲还是耐心地与她商量。

再次，引导孩子结合书本选择旅游地点。虽然女儿放弃了去哪儿旅游的决定权，但案例中的父亲启发孩子从教材或课外书上，找一个有趣的地方去旅游，从而开启案例中的第二次父女商量。父亲这样耐心的做法，使协商可以继续有质量地进行下去。果不其然，父亲与女儿商定好去庐山旅游。

最后，让孩子选择去旅游地的交通工具。对于去哪儿旅游，案例中的父女还有第三次商量。这一次商量发生在确定旅游地点之后，商量的内容是选择哪一种交通工具。在父亲帮助下，女儿通过在网络上查资料进行比

---

① 该案例由上海市黄浦区教育学院张俊老师撰写。

较，最终确定了乘火车去旅游的方案。

总之，在与女儿商量去哪儿旅游这件事上，案例21.1中的父亲极具耐心，充分发挥平等民主精神，运用高超的协商技巧，克服了商量过程中出现的"冷场"，不断地把父女间的商量推向深入。

在现实生活中，有的父母在做好决定之后，却假借着商量的名义，试图劝说孩子改变原来的想法，接受大人的意见。有时，父母甚至脱下了商量的"外衣"，把自己的喜好和决定，直接强加于孩子。案例22.2中描述的不与孩子商量决定的方式，及其背后隐藏的家庭教育理念，值得我们深刻反思。

案例22.2　我不要黄色的外套

天冷了，我和妻子一起去给儿子选购外套，为了让选购来的衣服更符合儿子的"身架"，我们决定带儿子一起去商场。

儿子一听说要去给自己买新衣服，便兴高采烈，兴冲冲地随我们去购物。我们在儿童服装区逛了很长一段时间以后，妻子才发现一款儿童外套很适合儿子，于是就停下来与老板商讨价格。不一会儿，价格就谈妥了。

妻子要了一件黄色的让儿子试穿。

儿子说："妈妈，我不要黄色的，我要蓝色的。"

面对儿子的选择，妻子表示反对："蓝色的冷眼，黄色的看着鲜亮，要黄色的！"其实，黄色是妻子喜欢的颜色。

儿子还是坚持要选蓝色的，坚决拒绝试穿黄色的。

妻子非常不高兴："你这孩子，是大人给你买衣服，又不是你自己买衣服，大人给你选什么颜色的你要什么颜色的就是了，不准多言。"

儿子倔强地说："不，我就要穿蓝色的。"

其实，蓝色是儿子喜欢的颜色。蓝色是大海的颜色，儿子的梦想是成为一名水手，在广阔的大海上航行。

于是，就为了这外套的颜色，儿子和妻子争执不下，最终伤了和气。前来购衣服本来是一件让人高兴的事，现在却因为争执变成了一件让人非常生气的事。儿子当然斗不过妈妈，最终只好买下了黄色的外套。儿子穿上没有一点儿高兴的样子。①

案例22.2中，母亲因为自己喜欢的颜色是黄色，就要求孩子试穿黄色外套。当孩子明确表示要蓝色外套时，母亲没有花时间深入了解原因，而是立即表示反对，一点也不给孩子商量的余地，更不用说与孩子商量着作出决定。案例中的孩子尽管不愿买黄色的外套，但迫于母亲的强硬态度，还是无法改变母亲的决定。对孩子来说，本来有机会购买新衣服是一件快乐的事情，但是，由于母亲不尊重他的意见，不与他商量就作出决定，并且强迫他接受，所以，即便是买到了新衣服，却一点儿也没有高兴的样子。

当然，虽然我们提倡与孩子商量作决定，但这并不是赞成家庭中所有的事情，都要与孩子商量着作决定，都必须要征得孩子的同意。否则，过多地听取孩子的意见，事事让孩子来决定，就走向了反面，就变成了对孩子的纵容和迁就。

---

① 沈兰芳. 让孩子感受选择的快乐［J］. 中华家教，2010（2）.

23. 做一名合格的听众

> 家庭教育碎碎念：
> 我们太多的父母，常常责备孩子不听话，却未曾反思，其实自己从来就没有好好听过孩子说话。

正所谓"一千个观众，就有一千个哈姆雷特"。对于同一座庐山，"横看成岭侧成峰，远近高低各不同"。对于同一件事情，不同的人自然会有不同的看法。很多情况下，这些看法不见得有对错之分，也不见得有高低之别，它们都有着一定的合理性。

父母与孩子互动过程中，对同一件事情有不同的看法，是再正常不过的事情。不过，有的父母觉得孩子缺乏经验，他们的想法不足可取。特别是当自己形成了意见之后，有的父母不顾孩子的感受，不想倾听孩子的心声，只想着把自己的想法强加于孩子，让孩子能理解大人的"一片苦心"。殊不知，父母都没有做到当一个合格的听众，没有做到在理解孩子的想法之后再作出评判和结论，孩子又有什么理由去委屈自己，去迎合大人的想法，去理解父母的苦心呢？

诚然，做一个聆听孩子声音的听众，是父母教育行为的一个细节，是家庭教育中的一件小事。父母需要清醒地认识到，这个貌似无关紧要的细节，背后反映的是对孩子的尊重，也是了解孩子真实心声的必由之路，而且，还是拉近与孩子内心距离的一个重要前提。

在家庭生活中，父母要放低心态，俯下身子，当好孩子的听众，给予孩子表达意见的机会，并且做到学习、吸收孩子合理的意见，不想当然地以为自己就比孩子高明，而坚持己见，轻易地否定孩子的看法。

案例 23.1 儿子的解题新方法

四年级的儿子做试卷时，有一道题目引起了我俩的争执：袖珍南瓜每盆125元，买4盆送1盆，张老师买了5盆，每盆便宜了多少钱？儿子的做法是：125÷5＝25（元）。我一看，气不打一处来，在试卷上重重地打了个叉，告诉他解题思路是：买4盆送1盆，所以5盆花的总价只要计算4盆的就可以了，然后再计算1盆的实际单价，最后用125减去实际单价，就得到每盆便宜的钱数，即：125×4÷5＝100（元），125－100＝25（元）。谁知这下儿子更来劲了，答案的一致更加坚定了他的想法。我一再强调这里只是巧合，不能只看答案，可他就是不服气。

为了让儿子信服，我就让他说出自己的方法，然后找出他的不足之处，以便对症下药，让他心服口服。

"买4盆送1盆，这1盆的钱数就是买5盆便宜的总钱数，用这个总钱数除以5，就是每盆便宜的钱数。"儿子说。

"如果是买3盆送2盆呢？"

"那就用2盆的总钱数除以5，就是每盆便宜的钱数。"儿子继续解释道。

相比之下，儿子的做法的确有道理，而且是合理的，显然不是巧合，而且比我的做法简便得多。本来我想说服儿子，却被他说服了；本想让他接受我的方法，结果是我先接受了他的方法，真是出乎我的意料。显然，我的方法是大众化的方法，而儿子的方法却别具一格，真是后生可畏！[1]

案例23.1中，针对同一道题目，家长与孩子给出了不同的解题方法。家长在与孩子的互动过程中，有几处教育行为细节，值得我们细细地推敲与思考。

---

[1] 宋允国. 慢下结论且听他说 [N]. 中国教育报，2015-04-03.

其一，轻易否定孩子的解题方法。一开始，家长没有认真倾听孩子的想法，就在孩子的试卷上打了个叉，并且把自己的解答思路告诉孩子，希望孩子接受自己的想法。家长的做法，在某种程度上犯了自以为是的错误，是不可取的。尽管家长的解题方法是正确的，但这并不能否认孩子的解答也是有道理的。

其二，给予孩子一个辩解的机会。由于家长与孩子各执一词，结果谁也说服不了谁。好在案例中的家长，尽管开始的时候坚持自己的思路是对的，但还是给了孩子一个解释的机会，以便从孩子的说法中找出破绽，然后对症下药地指出错误，让孩子错得心服口服。

其三，接受孩子合理的解题方法。愿意听孩子的解题方法，说明了家长对孩子的尊重。当孩子说出合理，并且比家长更高明的解题方法之后，家长的做法是放弃原先的观点，虚心地接受孩子的意见，承认孩子的解题方法有道理。案例中的家长从善如流，没有死要面子，硬摆架子，这种态度值得我们学习。

可以说，案例23.1印证了俯身聆听孩子声音的重要性。父母要做到这一细节，说难不难，说易不易。记得有一个故事，说的是孩子总是不愿意与大人一块去逛商场。后来，家长有一次倾听了孩子的想法，原来在人流如山似海的商场之中，孩子看到的是一条条人腿，而不是琳琅满目的商品。可见，孩子的想法，自有其道理。

很多时候，父母需要站在孩子同等的高度，用心俯身聆听孩子的声音，才能真正做到尊重孩子，理解孩子。否则，居高临下地与孩子说话，就会下意识地无视孩子的想法，而且，还会试图把自己的意见强加到孩子身上。

案例23.2 聆听孩子的真实感受

记得一件再小不过的事，让我和孩子之间似乎有了隔阂。那是个休息日，孩子对我说："妈妈，我累了。""你刚刚睡过觉，不可能累。"她更大声地说，"但我是累了呀！""你不是累，只是没睡醒，是不是想偷懒呀？"她大嚷起来，"不是，我就是累。"我没有再理会她，我的主观意识告诉我她在无理取闹，那天她一直闷闷不乐。

从那以后我感觉到，她和我说话总是支支吾吾的，不那么直接了。就这个问题，我和她爸爸专门进行了一次交谈。她爸爸提醒我，"你有没有真正聆听过她的真实感受呢？你不能总以你的想法，去强压在她的身上。这样久而久之，她就没有自信了，就会总是依赖大人的观点。"

认识到这一点，回想起这几年的教育历程，我真的没有认真聆听过孩子的感受，没有给她更多的倾诉机会。我立刻下决心要改变自己，首先要处理好自己的情绪，真正用心去聆听孩子，设身处地地为孩子想一想，毕竟我们是两个独立的人，我们完全可能有两种不同的感觉，有时谈不上谁对谁错，感觉到什么就是什么。我开始努力去尝试着聆听孩子的心声，这样一来，该说的话自然就涌到了嘴边，也确实见到了一点成效。

前不久，家中养的小鸟死了，孩子伤心地说："我的小鸟死了，今天早上还好好的呢！""噢，不会吧，太让人伤心了！""我很喜欢它的！""失去它很痛心的，是吗？""我每天喂它。""你对它非常好，它已经非常幸运了。"

我明显感觉到，当听到理解她内心感受的词语时，孩子平静了许多。我在想象，如果是以前的态度，我一定会说，"有什么好伤心的，不过是一只小鸟。"这时她一定会恨死我了，会更加的伤心。事实告诉我，与孩子沟通也是一门艺术，聆听是我们之前所忽视的。现在，我们的关系更加融洽了，孩子也更加活泼，更加自信了。[1]

---

[1] 该案例由上海市宝林路第三小学学生家长都梦媚撰写。

案例23.2中，孩子说累了，母亲没有去聆听孩子有多累，为什么会感到累，而是主观地认为孩子是想偷懒，是无理取闹。母亲与孩子各执一词，并且都坚持己见，双方的交流自然是不欢而散。更为严重的后果，不是孩子的一时不快，而是孩子对大人的疏远和隔离。孩子感受不到大人的尊重，感受不到大人认真倾听的态度，他们还会愿意把自己的心声告诉大人吗？

案例中的母亲敏锐地发现了孩子行为的变化，她与孩子的父亲探讨了这个问题，并且意识到自己先前做法的错误，即"没有认真聆听过孩子的感受，没有给她更多的倾诉机会"。之后，母亲决定改变自己的做法，努力做到"真正用心去聆听孩子，设身处地地为孩子想一想"。

机会总是留给有准备的人。案例中孩子养的小鸟死了，孩子很伤心。这一次，母亲没有同以往一样，把成人的想法灌输给孩子，说"有什么好伤心的，不过是一只小鸟"，而是放低了姿态，把自己定位为一个孩子倾诉的听众。在孩子表达自己的想法和情感之后，母亲站在孩子的角度，去安慰孩子，去努力抚平孩子内心的痛苦。母亲的做法，让孩子内心平静了许多，促使孩子以后更愿意与她交心。如此，不仅改善了亲子关系，促进了家庭和谐，也使孩子变得更加开朗和自信。

24. 孩子啥都不跟我说

> 家庭教育碎碎念：
> 当心灵的距离很远，感受不到你的光和热，那就只有封闭的孤独和寒冷。

在充满信任的家庭中，父母会营造宽松和谐的氛围，孩子也愿意和父母交流，倾诉自己的喜怒哀乐。有的父母对孩子要求苛刻，与孩子说话也没个好态度，却抱怨孩子不愿与自己交流，吐露心扉；自己对孩子肆意打骂，不尊重，也不信任，却要求孩子尊重自己，信任自己，对自己毫无保留。自己没有做到的事情，却要求孩子做得有规有矩，这样的想法，常常是一厢情愿。

案例 24.1 孩子的翅膀硬了

有个家长很关心孩子的学习，经常给我打电话询问孩子不会的问题。但她总是拿自己的孩子和别的孩子比较，总嫌儿子贪玩，嫌儿子学习不够优秀，经常打骂孩子，话语里透着对儿子行为的各种不满意。

一天晚饭后，她又来电话了："我发现文进的翅膀硬了，题不会做也不愿问老师，啥都不跟我说，我都快治不了他了……"

"守着孩子千万不要说治不了这样的话！"我语气坚决地打断了她的话。"文进最近表现不错，作文写得很棒，我在班里特意表扬了他！"我希望以此来鼓励文进，也希望文进妈妈不要总抓住孩子的不足不放。

"是吗？他回来没跟我说。他回家后不再跟我说学校里的事儿！"文进妈妈的话让我感到很担心，孩子得到老师的表扬却不向家长炫耀，很不正常，需要引起家长的注意。

"有什么问题叫文进跟我说,你叫文进来接电话!"

"老师,是这个题……"文进从他妈妈的手中接过手机,声音低沉地向我说起了题目。

我仔细地听了题目,引导着文进说出正确的答案。

"老师,前天我妈妈做了个梦:梦见老师打我。放学后,她就问我老师打我了吗?我说没有,她偏不信,问了我好几回,我都说没有。再说了,考了91分也不多呀,我才不跟她说呢!"①

案例24.1中,文进的母亲没有处理好与孩子的关系,感觉孩子不跟自己多说话,就向老师告了个状。其实,文进在学校的表现很不错,学习进步了,老师表扬了。为什么他到家里,反而不愿向母亲报告好消息,不愿多与母亲交流呢?思考背后的原因,应与他母亲教育方式的失当有着直接关系。根据案例中的描述,试对其中的一些细节分析如下。

第一,对孩子态度不友善,负面评价。

案例中的母亲,虽说很关心孩子的学习,但她在乎的估计是孩子的学习成绩。无论是她喜欢拿自己的孩子与别的孩子比较,还是嫌弃儿子贪玩、学习不够优秀,都体现出她不怎么关注孩子的内心感受,对孩子以负面的、消极的评价为主,与孩子的交流也缺乏基本的尊重。在文进的内心,想必是希望得到母亲的尊重,能够进行平等的、民主的沟通,但母亲如此的态度和做法,给文进带来的必定是不愉快的体验,以及一次次的失望。长久以往,孩子就不愿与母亲交心,还会丧失与母亲沟通的欲望。

第二,怪罪孩子,不反思自己的问题。

案例中的母亲发现孩子不愿跟自己说话,题不会做也不去问老师之后,就又向老师告状,责怪孩子"翅膀硬了"。除了责怪和告状,她并没

---

① 洪艳. 孩子的心里话不是"治"出来的 [N]. 中国教育报,2015-04-03.

有去积极地寻找对策，只是消极地抱怨"治不了"。可能在这位母亲的潜意识中，有这么一个根深蒂固的观念：母子之间出现了矛盾、对立，都是孩子的错，自己的所作所为都是对的，是没有问题的。要想解决问题，必须让孩子改变态度，自己则不需要改变什么。显然，这种想法是站不住脚的。如果这种观念不改变，母子之间的沟通障碍是消除不了的。

第三，迷信自己的梦，不信孩子的话。

案例中的母亲做了一个梦，梦见老师打孩子。按理说，梦中所见，实属子虚乌有之事。但这位母亲却深信不疑，而且可笑的是，在孩子放学后就跟孩子核实有没有被老师打。更令人意料不到的是，孩子说没有被打，母亲却迷信自己的梦中所见，一点儿都不相信孩子的话。见孩子说没有，她还连问了好几遍，好像非得要证实自己所梦为真似的。以荒唐的理由，不信任孩子说的话，对孩子来讲，除了不满、无奈之外，"啥都不跟母亲说"也就顺理成章了。

总之，案例中的母亲带着偏见看孩子，带着放大镜观察孩子的缺点，用怀疑的眼光审视孩子，以不友好的态度与孩子交流，造成母子之间的隔阂和对立，孩子不愿与母亲多讲话。在学校里发生的事，孩子一点儿也不愿意告诉母亲，即便是自己考得不错、被老师表扬等"喜事"，也觉得没有向家长炫耀的必要。这样的亲子关系很不正常。遗憾的是，案例中的母亲并没有意识到这一点，并没有发现问题的真正根源在于自己。对此，明智的父母们，应该引以为鉴！

25. 耳机就在我口袋里

> 家庭教育碎碎念：
>
> 对人的热情，对人的信任，形象点说，是爱抚、温存的翅膀赖以飞翔的空气。——苏霍姆林斯基

在需要作出信任与怀疑选择的时候，人们总是倾向于相信自己，怀疑他人，或者是相信亲近的人，怀疑关系远的人。有一个成语叫"智子疑邻"，说的是宋国有个富人，因下大雨，墙坍塌下来。他儿子说："如果不（赶紧）修筑它，一定有盗贼进来。"他们隔壁的老人也这么说。这天晚上果然丢失了大量财物，这家人很赞赏儿子聪明，却怀疑偷盗是隔壁那个老人干的。

"智子疑邻"非智者所为，但在现实生活中，相似的情景仍不时地重演。在家庭教育中，偶尔也会出现父母相信自己、怀疑孩子的情景。怀疑是不信任的一种表现。怀疑孩子，就是不信任孩子。怀疑这颗"种子"一旦种下，就会悄然地生根发芽，盘踞在心间，影响父母的理智，诱导父母误判。如果怀疑不转变为批评，那对孩子的伤害还相对有限；如果怀疑的事情最后被证实，那还算是情有可原。严重的问题是，有的父母没有真凭实据，仅以主观的臆断怀疑孩子，并据此对孩子进行一番批评教育，受冤枉的孩子是何等的委屈，何等的无助，其心理的阴影不知要多久才能消散。

下面，我们将结合案例 25.1，对这一话题展开分析和讨论。

案例 25.1　无线耳机到底在哪里

那天早晨，当我准备去上班时，突然想起新买的手机无线耳机。往桌

子上一看，空空如也。记忆告诉我，昨晚睡觉前我把耳机放在桌上，现在却不见了。这段时间只有小女儿和我一起，没有其他人进过房间，我断定是小女儿拿走了。

小孩子对这些小配件有天然的好奇心，把无线耳机当成小玩意儿拿走，也是很正常的事。但我心里还是有点小生气，也不问问就随便拿我的东西，于是拨打了小女儿班主任的电话，请小女儿接电话。

此时，我在想，孩子无意做错事，一定要给她台阶下，不要使她因为害怕批评而说谎。于是，我用非常温和的口气说："妈妈昨晚放在桌上的一个黑色的无线耳机，是不是你不小心放进口袋里了？"女儿说："什么黑色的耳机？没看到啊。"我耐着性子继续引导。终于电话那头一声："行，你等我一下，我马上回来。"放下电话，我长舒了一口气，很满意自己的这种方法。

我和小女儿住在学校教师公寓。没过几分钟，小女儿小跑进来，正当我满怀期待她掏出我的耳机时，她着急地问："什么耳机？"她边问边掏出口袋里的所有东西，一条红领巾、一把黑色小刀、几张纸片，就是没有耳机。

我心想她是怕批评，把耳机放在教室才回来的，我还是用很温和的语气跟她说："你看，昨晚妈妈就放在这桌上，现在桌上桌下都没有，又没别人来过，可能是你在教室不小心掏出来放在课桌抽屉里了。现在快上课了，你先回教室，顺便看看课桌抽屉，如果看到，晚上带回来给妈妈。"

小女儿一脸迷茫和无辜地说："真的没有，要不我还是再去看看吧。"看着小女儿离去的身影，我想，我一直在引导，给她台阶，让她自己拿出耳机，如果晚上还没拿回来，我一定要和她好好谈谈了。

走出房间，我的手习惯性地往兜里一放，刹那间，我像触了电一样——耳机就在我的口袋里。想想刚才自己那么长篇幅的引导，想想小女儿急匆匆的脚步和因我丢东西那紧张的表情,还被我主观臆断是她拿走了耳机。内疚的泪瞬间流淌,泪中有心疼有羞愧。①

案例25.1中的母亲,先入为主地作出判断,怀疑女儿拿走了无线耳机,而后迫不及待地找到女儿,希望她承认错误,交出无线耳机。然而,自以为掌握真相的母亲,实则行走在谬误的道路上。她在此事中的一些行为细节,值得我们细细地分析和思考。

第一,证据不充分,就断定女儿拿走了无线耳机。

案例中的母亲,没有在桌上找到手机无线耳机,就根据家中只有自己和小女儿,在没有真凭实据的前提下,贸然断定是孩子拿走了耳机。"断定"是自信的"怀疑",坚定地相信自己的判断,给怀疑披上了一层坚实的外衣,主观上使怀疑合理化。没有事实就妄下断言,即便自己找的理由再"合理",推断再"合乎情由",也只能是空中楼阁似的怀疑。没有事实就妄下断言,实则不知不觉就犯了先入为主的错误。

第二,怀疑不过夜,立即就找女儿来证实和教育。

案例中的母亲,估计是个"急性子"。在料定女儿随便拿走耳机以后,她心里有点小生气,于是利用公寓离教室近的便利条件,马上找女儿来证实自己的断言,顺便对女儿进行一番教育。然而,无论母亲如何"循循善诱",在女儿没有拿耳机的事实面前,最终还是无奈地败下阵来。在引导女儿拿出耳机无果之后,案例中的母亲决定先让女儿回教室上课。

值得称道的是,母亲与女儿交流的态度还算温和。尽管内心是断定孩子拿了耳机,但在孩子没有承认之前,还是保持平和的心态,没有当场气急败坏,也没有一定要即刻逼女儿"露出原形",而是让女儿先回教室,顺便在课桌抽屉里找找耳机。母亲没有为了耳机紧追不舍,本意是为了照

---

① 商南花. 我的手往兜里一放,内疚的泪瞬间流淌[N]. 中国教育报,2017-12-14.

顾孩子的"面子",好给孩子台阶下。实际上,也是为自己的怀疑留下了余地,为事情的转机留下了时间。

第三,引导不放松,准备晚上再与女儿好好谈谈。

案例中的母亲看着女儿离去的背影,心里还是在想着女儿没有拿出耳机这件事。出于对自己判断的自信,母亲对女儿不承认"错误",还是耿耿于怀。她在想,假如女儿晚上还是没有拿出耳机,就一定要和她好好谈谈了。如果事情没有出现转机,那么母亲准备的"好好谈谈",未必能好到哪里去。一方面,母亲的耐心可能消磨得差不多了,和蔼的态度会发生变化,所说的话也会重很多;另一方面,女儿得知自己被怀疑、被冤枉,自己的解释、说明母亲又听不进去,肯定会深感委屈,心灵也会很受伤。

好在母亲随后在自己的口袋里,发现了自己的耳机,自己的怀疑也随即烟消云散,剩下的只有内疚、心疼和羞愧。虽然案例中母亲准备的"好戏"没有上场,但给我们的警醒却一样深刻。

26. 我欠孩子一个道歉

> 家庭教育碎碎念：
> 人非圣贤，孰能无过？过而改之，善莫大焉。

错怪别人，或被人错怪，是每个人都会遇到的事。在家庭生活中，父母错怪孩子的事情，不见得经常会发生，但也难以避免。作为父母的你，假如遇到了这样的事情，会何去何从？是当作什么事情也没有发生，还是主动向孩子道歉，承认自己的错误？从理智的角度来思考，既然你错怪了孩子，有错在先，发现错误后，当然是向孩子道歉，以取得孩子的原谅。

不过，在现实生活中，也有的父母明知道自己做错了，自己错怪了孩子，但仍是"煮熟的鸭子嘴硬"，不肯放低姿态，诚恳向孩子道个歉。他们还为自己找了些理由：一是事先并不知情，不是故意的；二是有损家长的权威，不利于以后教育孩子；三是些许小事，并不要紧，很快就会过去，对孩子没有多少伤害。其实，这些理由说到底只是借口，不道歉的理由是家长放不下架子，认识不到其中存在的问题，以及一声道歉所能起的真正作用。

那么，当父母意识到自己错怪孩子之后，紧接着的一声道歉，背后有什么"玄机"呢？一方面，父母要为孩子树立好榜样。有错就改，是为人父母的基本准则。父母应该在孩子面前亲身示范，以实际行动为孩子树立良好的榜样。榜样是教育的力量。如果父母都没有做好，要求孩子做到则是苍白无力的。另一方面，道歉是抚平孩子受伤心灵的良药。错怪孩子必然会给孩子带来伤害，有的孩子可能会表现在外表，坏情绪也许会很快过去；有的孩子可能深藏在内心，如果父母不道歉，这种坏情绪则会持续很长一段时间。父母做到了放下架子，主动给孩子道歉，那么，就很容易消除孩子内心的不满，得到孩子的谅解。

案例26.1 不会是抄同桌的吧

一天中午，孩子拿着试卷兴冲冲地跑进家："妈妈，语文考试我得了100分！"我没有马上回应，过了一会儿，还不屑地问了一句："不会是抄同桌的吧？""真是的，考砸了挨批，考好了还是挨骂。"孩子嘟嘟囔囔地回到卧室，一扫刚进家门时的兴高采烈、手舞足蹈，竟然趴在床上哭了，哭得很伤心。

孩子的抽泣让我感觉有点儿心疼。不过我还是有点不太相信他的单元测试能考满分。从作业情况看，这一单元孩子学得并不令人满意。特别是阅读理解部分，不认真读题，不认真思考，下笔就写，出错比较多。"哭什么？！"我吼道，"回学校我问问你的老师，这次考试成绩是不是真实的！"孩子哭得更凶了："你冤枉人！你冤枉人！"孩子情绪激动，发泄着一肚子的不满。

回到学校，我仔细询问了老师这次考试的情况。老师说孩子近来表现很好，上课认真听课，积极回答问题，不明白的地方就会问同学问老师。这次考满分是他刻苦学习的结果，应该得到鼓励，不应该怀疑孩子的学习能力。

我无言以对。我也是一位教师，怎么能对自己的孩子如此不相信呢？我怎样才能弥补过失、给孩子继续进步的信心呢？

下午回到家里，我热情"接待"了孩子，说了我对他学习情况的分析和担忧，说了自己不该质疑、误解他。我由心而发的内疚和道歉，换回了孩子的笑容。后来我们偶尔出现小问题、小摩擦或矛盾，都能坐下来相互检讨、相互批评。①

案例 26.1 中，母亲不相信孩子能考 100 分，错怪孩子的分数是抄来的。通过调查得知真相之后，向孩子道歉，承认自己的错误，取得了良好的教育效果。对于案例中的教育行为细节，试分析如下。

第一，质疑孩子的好成绩是抄来的。

案例中的孩子拿着满分的试卷，兴冲冲地向妈妈报喜。谁料妈妈没有马上祝贺，也没有任何鼓励，而是不相信孩子能考 100 分。过了一会儿，甚至直接问孩子的好成绩是不是抄了同桌。妈妈的质疑，有欠考虑，也经不起推敲。试问，孩子的同桌也考了满分吗？如果没有考满分，即便孩子去抄，也抄不到满分。而且，孩子以前考试是否经常抄袭？如果没有"前科"的话，贸然暗指孩子抄袭，在逻辑上也站不住脚。退一万步，即使有充足的理由怀疑孩子的成绩，在没有真凭实据之前，也不应该把怀疑孩子抄袭的话脱口而出。

第二，向老师证实成绩的真实性。

案例中的孩子，听了妈妈怀疑好成绩是不是抄袭的质问，先是用言语表达了强烈的不满，接着回到卧室，在床上伤心地哭泣。尽管孩子的抽泣让妈妈感到心疼，但妈妈还是相信自己的判断，不相信孩子能够得满分。于是，她对孩子粗暴地吼叫，还继续用怀疑的语气说要去问问老师，以核实成绩的真实性。妈妈的反应，让伤心的孩子更加难过。他哭得更凶，并直呼"冤枉人"。分析妈妈的行为细节，在自以为是的观念主导下，继续错上加错，再一次伤害了孩子的感情。

第三，积极沟通，真诚地做了道歉。

案例中的妈妈到学校后，仔细询问了孩子的老师，了解到孩子近来上

---

① 王艳萍. 你是否欠孩子一个道歉［N］. 中国教育报，2017-12-20.

课表现很好，积极回答，不懂就问，这次考试满分是学习努力的结果，不应该被怀疑。这时，妈妈意识到自己错怪了孩子。该如何弥补自己的不信任、冤枉带给孩子的伤害呢？真诚的道歉显然是一个好选择。案例中的妈妈改正错误的态度很积极，改正错误的行为很及时。她回到家之后，就立即找孩子沟通，说自己不该质疑、误解孩子，说明了自己对孩子学习的关心和担忧。大人对孩子真诚的道歉，是易于得到孩子原谅的。果然，孩子恢复了笑容，原谅了妈妈。

人非圣贤，孰能无过？过而改之，善莫大焉。父母在教育孩子时，出现失误、过错，并不丢脸，也并不可怕，只要勇敢面对自己的错误，积极改正，那么不仅无损形象和威信，反而会赢得孩子的尊敬和信任。父母冤枉、错怪孩子之后，只需一个主动的道歉，一般就能有效地化解误会，与孩子重新建立起亲密的亲子关系。

需要引起父母注意的是，对孩子的怀疑、不信任一定要慎之又慎。要知道，父母的一言一行，都有可能对孩子造成莫大的影响。"教育无小事，事事皆可育人也可伤人。我们要像拿手术刀的医生一样，敬畏手术刀，下刀定谨慎，不误伤生命，不留下悔恨或遗憾。"[1] 因而，即便是坚信自己的判断，对孩子有所怀疑，在没有得到确切证据之前，父母也只能把怀疑深藏在心里，在孩子面前要保持无动声色。

---

[1] 商南花. 我的手往兜里一放，内疚的泪瞬间流淌［N］. 中国教育报，2017-12-14.

（六）激励与惩罚

激励对孩子的作用，毋庸置疑。孩子需要激励和鼓励，就如同植物需要浇水一样。离开鼓励，孩子就不能很好地生存。每个孩子都希望得到父母的表扬和肯定，或许是一个肯定的眼神，一次满意的微笑，一句鼓励的话语，一个热情的拥抱，这些小小的举动都会很好地满足孩子的需要。

教育孩子，需要激励也需要惩罚，两者都是不可或缺的教育手段。著名家庭教育专家孙云晓老师认为，没有惩罚的教育是不完整的教育。惩罚需要和激励相伴，惩罚和真爱形影不离。如果仅仅是害怕引发孩子的极端行为与举动，而一味地姑息孩子犯下的错误，将会酿成大错。

27. 鼓励让孩子变得自信

> 家庭教育碎碎念：
> 一个人是否有成就只有看他是否具有自尊心和自信心两个条件。
> ——苏格拉底

爱因斯坦说过，"自信是向成功迈出的第一步。"自信不仅对成年人来说不可或缺，对孩子学习生活的重要性，也是不言而喻。父母们都知道，从小培养孩子的自信心，有益于孩子一生的成长。有的孩子坚信"天生我材必有用"，在困难面前也是自信满满，以昂扬的斗志迎难而上；有的孩子能力不缺，但信心不足，做起事来畏手畏脚，让父母们看在眼里，急在心里。其实，不少孩子都有缺乏自信心的时候，也有缺乏自信心的地方。如何培养孩子的自信心，应该是很多父母关心的问题。那么，如何培养孩子的自信心，如何强化孩子的自信心？简单地讲，鼓励不失为一种好方法，或许也是一种必不可少的方法。

案例 27.1 创造孩子自信的原动力

虽然孩子从小被很多人称为学霸或"神童"，各科成绩都比较突出，但他似乎并没太多自信，最明显的表现就是不敢在众人面前展现自己。当年在幼儿园里讲个小故事，是他最害怕做的事情。恰恰相反，孩子爸爸口才很出众，只是工作太忙，陪伴孩子的时间较少。

我意识到，要用爸爸作为榜样去激励孩子。很多次，我带着孩子去听爸爸的讲座，带孩子参加爸爸和朋友的一些聚会，让孩子看看爸爸如何镇定自若地在众人面前做着精彩的表达，同时告诉他：你的先天条件很好，只要有信心，肯定不会差于爸爸。

之后的时间里，我时常带着孩子在社区参与大大小小的活动，领他加入小乐团，努力帮他创造表达和展现自己的机会，我会让他把家里的客厅当作表演厅，经常练习唱歌和演讲，我和爸爸、爷爷、奶奶都是他忠实的观众。渐渐地，他不再胆怯，开始有了表达的勇气。

进入小学的第一学期，学校组织了各年级的看图讲故事比赛，因为普通话比较标准，老师推选他代表班级去参加比赛。于我而言，这是一次很关键的机会，结果的好坏，会直接影响他自信心的建立与否，所以非常重视。从拿到比赛素材到正式上台比赛，我们只有一个晚上的准备时间，我带着孩子反复练习到深夜，力求他能声情并茂地讲述出我们刚刚创作的故事，孩子虽然辛苦，却领会出了我的苦心。

功夫不负有心人，第二天的演讲比赛，孩子拿回了第一名。自此之后，他的信心大增，由此，也赢得了学校老师的赏识和器重。在一年多的时间里，他曾作为校小记者采访区级领导，作为小主持人主持学校重要活动，在学校大大小小的演讲比赛中，也获得了相当好的成绩。如今的他，会告诉我，他爱极了在舞台上被众人注视的感觉。一个怯于表达的男孩，给予足够的支持和鼓励，就这样转变为热爱表达的阳光少年，对于这一点，我有着满满的成就感。①

案例27.1中，母亲发现孩子虽然学习成绩突出，但缺乏自信，不敢表现自己，就通过各种活动场合、多种方式来鼓励孩子。经过一年多时间的持续鼓励，孩子的自信心明显提升，行为方式也发生了翻天覆地的变化。分析其中的一些教育行为细节，有以下几点值得我们探讨。

第一，以孩子的父亲为榜样。

以父母为榜样，对孩子的行为具有很强的引导和激励作用。案例27.1中，面对自信心不足、胆量欠缺的孩子，母亲从孩子的身边人中找到了一个榜样，即"口才很出众"的父亲。具体的做法是：其一，让孩子亲身感受爸爸出众的口才。为了让孩子有更好的体验，母亲多次带着孩子去听爸爸的讲座，以及参加爸爸的一些聚会。在这些场合，父亲在众人面前有着精彩的演讲或谈论，带着孩子到现场体验，孩子能真切地感受到父亲是如何自信地、自如地表达。其二，鼓励孩子也像父亲一样自信地表达。母亲带着孩子听父亲的讲座、参加父亲的聚会，不仅仅是让孩子听，而且还告诉孩子"你的先天条件很好，只要有信心，肯定不会差于爸爸"。母亲的鼓励无疑增强了孩子的信心，帮助孩子逐渐形成"爸爸行，我也能行"的观念。

第二，参加社区的各种活动。

鼓励孩子不能言之无物，要与孩子的日常行为结合起来。激发孩子的

---

① 该案例由上海市建青实验学校小学部黄鹏宇妈妈撰写。

自信心，也要让孩子参与实践活动，在行动中鼓励孩子，帮助孩子树立、增强自信心。案例中的母亲经常带孩子参加社区的各种活动，尤其是让孩子加入小乐团，给孩子创造更多的表达和展现的机会。而且，为了提高孩子的表演水平，母亲经常让孩子在客厅里练习唱歌和演讲，家中的大人则扮演忠实的听众。这样的安排，其实也是一种无声的鼓励，从案例描述的效果来看，孩子渐渐地"不再胆怯，开始有了表达的勇气"。

第三，投身到学校活动比赛。

案例中的母亲为了更好地激发孩子的自信心，还将鼓励与孩子的学校生活结合起来，主要的做法是鼓励孩子参加学校组织的活动和比赛。特别是孩子在一年级第一学期的"看图讲故事比赛"，母亲利用仅有的一个晚上的准备时间，带着孩子反复练习自创的故事，一直到深夜才罢休。在这个过程中，母亲的陪伴和参与，就是对孩子最好的鼓励。机会总是留给有准备的人，孩子在演讲比赛中获得了第一名。这个付出努力而获得的好成绩，对孩子来说是一个莫大的鼓励，孩子的自信心也得到了有力的鼓舞和提升。此后一年多的时间，孩子以小记者、小主持人的角色参与学校多项重要活动，既得到了更多的锻炼，也进一步增强了自信心。

概言之，案例中的母亲通过经年累月持之以恒的鼓励，成功地激发和增强了孩子的自信心，改变了孩子怯于表达的弱点，帮助孩子成长为"热爱表达的阳光少年"。在陪伴的过程中，母亲收获了"满满的成就感"，与孩子之间的亲子关系也应该会更加密切。当然，我们也要看到，虽然父母的鼓励是孩子自信的重要条件，但是鼓励要产生长远的效果，从根本上改变孩子的行为，不是一蹴而就的过程。对于这一点，案例 27.2 也是一个例证。

案例 27.2 孩子一有进步就鼓励

最近，孩子参加音乐考级，一开始训练就发现难度很大，有几次受到老师批评，情绪低落，多次表示要放弃考试。我这样鼓励儿子："第一，报考级别是老师评估你的水平确定的，要有信心；第二，考级只是考核一下你的学琴水平，爸妈并不在乎是什么结果，不要有压力。"在儿子训练过程中，只要取得一点进步我就鼓励他，最终他顺利完成考级。①

案例 27.2 中，家长面对自信心受挫的孩子，耐心地帮孩子分析考级这件事，并且摆明父母的基本态度，希望孩子不要有压力。孩子参加音乐考级训练时，因为难度大达不到要求被老师批评并不奇怪，孩子因此而情绪低落、自信心受到影响也是可以理解的。其实，成年人尚有不少不自信之时，更何况少经世事的孩子们。案例中的家长在帮孩子仔细分析考级这件事之后，还坚持以鼓励孩子取得的点滴进步，来帮助孩子重拾自信。经过家长坚持不懈的鼓励，想必孩子最后也会信心十足地完成考级。

总之，父母要利用生活中的具体事例教育孩子，鼓励孩子以积极的态度面对困难。实际上，孩子自信与否，与父母自身的行为，以及父母与孩子的交往息息相关。引申开来说，在孩子的行为表现中，可以找到包括父母在内家长的影子。也即，家长为人做事的态度、对待孩子的评价，会在相当大程度上影响孩子的世界观、人生观、价值观，影响孩子的一言一行和日常行为举止。家长包容孩子，他就体会到快乐；支持他，他会喜欢探索；赏识他，他从此越来越勇敢；心平气和地与他讨论对错，他就能懂得规则。如果家长的评语总是负面的，那么孩子心中，就会形成消极的念头，比如担心别人嘲笑、害怕和其他人不同，不敢去尝试新事物、不敢选择自己喜欢的东西，做决定要看其他人的脸色等等。② 因此，希望孩子乐观、自信时，家长要及时给予他们阳光、信任和鼓励。

---

① 李燕飞. 把品格培养放在首位——2016 中国新父母年度人物提名奖获得者李燕飞亲子成长自述［J］. 教育, 2016 (52).

② 辛上邪. 当熊孩子做了熊事儿，外国家长和中国家长会怎么说？[EB/OL]. http://wemedia.ifeng.com/7426223/wemedia.shtml.

28. 激励让孩子肯坚持

> 家庭教育碎碎念：
> 不积跬步，无以至千里；不积小流，无以成江海。

父母都希望自己的孩子将来能出人头地，能有所成就，能获得成功。一个人成功与否，能否成为某个领域的专家，固然有多种因素起着作用，但毋庸置疑的是，勤奋与坚持是两个至关重要的影响因素。尤其是长期的坚持，更是起着不可或缺的作用。

美国作家马尔科姆·格拉德韦尔在《异类》一书中指出："人们眼中的天才之所以卓越非凡，并非天资超人一等，而是付出了持续不断的努力。一万小时的锤炼是任何人从平凡变成世界级大师的必要条件。"他将此称之为"一万小时定律"。换句话说，就是不管你做什么事情，只要坚持一万小时，基本上都可以成为该领域的专家。可见，坚持、持续不断地努力对于一个人的成功，有着直接的关联。

孩子年龄较小，自我控制力较弱，专注性也较差，很难长时间做一件事。这是困扰很多父母的一个问题。如何解决这个问题？父母正面的激励，具有很强的引导作用，是对孩子坚持做事情的有力支持。这应该是解决问题的一个有效措施。

案例 28.1 拿日记换零花钱

女儿说："作业那么多，哪有时间写日记。"我改变了说教的策略："以后的零花钱可以增加，但要拿日记来换，一行真实的日记 0.5 元。"

一听这话，女儿马上拿出本子写起来。可惜只写了 5 行。"编一点行不行？""行，但没钱！""没钱，我不编了。"女儿交上日记，我立刻兑现

2.5 元。

第二天，加上了观察的内容，10 行日记兑现 5 元。

20 天，女儿每天坚持写，已经能写到 20 行了，内容真实具体，谋篇布局、遣词造句的水平大涨，语文课上所学的大都用在了日记上。

可惜后来女儿拿钱买了带锁的日记本，不让我看了。但是，再也听不到费劲编作文的话了，反而不时听到女儿得意地说："老师读我的作文了。""学校优秀作文展板展览我的作文了！"……

现在，女儿考上了重点高中，语文依然是她的强项。那 20 天平均每天 10 元钱的日记费，太值了。[①]

案例 28.1 中，家长为了让女儿坚持写日记，放弃了见效不大的说教策略，而是采用物质奖励的方法。具体的方法是女儿每写一行真实的日记，就奖励 0.5 元，多写多得。这一奖励措施激发了孩子的坚持写日记的动力，孩子坚持了 20 天以后，收到了相当不错的成效。此后，坚持写日记已经成了孩子的良好习惯，不仅提高孩子的写作能力，也激发了她学习语文的兴趣。在这个过程中，家长只是付出了 200 元的日记费，可谓是一项超值的投资。

需要注意的是，物质奖励只是激励的方法之一。在使用物质奖励时，最好要与精神激励相结合。否则，单纯的物质奖励，一旦使用不当，或没有把握好分寸，那么有可能造成孩子只看到奖励，而迷失了行动的目标和行为背后的价值。

同样是为了激励孩子坚持写日记，案例 28.2 中的母亲，则采用精神激励的方法。

案例 28.2　帮孩子养成写日记的习惯

那是放假的第一天，儿子帮我剥毛豆，突发奇想地从中有了自己的感

---

① 龚星荣. 教女儿写日记是我最有价值的投资［N］. 中国教育报，2016-06-09.

悟，他就很兴奋地在 QQ 上发表了一篇简短的"说说"，然后欣喜地告诉我："妈妈，你看看我的'说说'吧。好多好友都点赞呢！没想到，还有这么多人关注我，说明我写得还不错！"儿子自我陶醉了一番。我就上去看了，不仅点赞，还写了句评语"儿子真长大了！"我又动员他爸爸也写点评。没想到，儿子很受鼓舞。

接下来的几天，他都发表"说说"。我也都及时点赞，及时点评，无非就是给一些真诚的赞美，适时地引导：从写作，到做事到做人等等。

一段时间过后，儿子出现些许松懈。我觉得我应该为他做点什么，就主动邀请他的老师、叔叔、阿姨（对他了解的，家中有孩子跟他同龄的），还有他比较仰慕的优秀的大哥哥大姐姐等，加他为好友，去看他的"说说"，然后点赞和点评。

当然，关于邀请的对象，我也是有所思考的：为了不让儿子有压力，还能产生自豪感，我先请那些和孩子已经是好友的叔叔阿姨，叮嘱他们在加儿子时，就说："听说你坚持写'说说'，很厉害，我想看看，让我家孩子以你为榜样，跟你学习学习。"然后，再邀请那些儿子喜欢的叔叔阿姨，陆续加儿子为好友，并让他们说通过谁谁妈妈介绍的（就是前一批加儿子好友的那些大人），想来看看。

于是，儿子就非常欢迎这些"慕名而来"的"好友"的添加，并及时地骄傲地向我汇报："今天，朱阿姨加我啦！""今天，马阿姨加我啦！""今天，任阿姨加我啦！"这样，他每天发表"说说"，都有好多人点赞和点评，而且都是赞美、鼓励、引导的语言……

他每天也都处于自我感觉良好的状态。为了能给大家一个惊喜，儿子每天都留心观察生活：一个人，一件事，一个场面，一个感悟……都会成为儿子"说说"的内容；每篇"说说"，他都会用心地"遣词造句"；一个词，有时都会琢磨半天。

整整一个暑假，他从来没有落下过一天！其中有一次，因为事情耽搁，第二天，他又补写了一篇。开学以后，虽然作业有点多，他也没丢掉写日记的习惯。每天晚上，他总要写上几句才肯睡觉。①

案例 28.2 中的母亲，为了激励孩子坚持写日记，巧妙地利用各种方法，去激发孩子的兴趣和动力，引导孩子养成写日记的习惯。

第一，点赞孩子写的"说说"短文。

案例中的孩子在"说说"上发表了一篇短文，得到了好友的点赞。孩子高兴地把这一好消息告诉母亲。对于孩子兴致勃勃的举动，母亲没有敷衍了事，没有对孩子的"创作"一笑了之，更没有表现出不耐烦。母亲的做法是上网认真看了孩子的"作品"，不仅点赞，而且还写评语。尤其值得肯定的是，母亲不但自己以实际行动来激励孩子，还积极动员父亲也来写点评。肯定地说，父母认真地关注，再加上正面地激励，对孩子来讲确实是很受鼓舞的事情，对于孩子学会写日记、坚持写日记，都有着较强的引导和促进作用。

第二，邀请他人点评孩子的日记。

尽管有母亲的及时点赞和点评，案例中的孩子在写日记这件事上还是出现了一些松懈。母亲对此洞若观火，而且觉得有必要采取点措施。或许在不少父母看来，母亲需要与孩子谈谈心，讲讲坚持写日记的作用，表明自己和父亲支持的态度，从而给孩子打打气，加加油，再提出点要求和建议。当然，这么做也并无不妥。但是，我们也应该看到，这样的做法对孩子来讲是家常便饭，没有任何新鲜感，因而，"老生常谈"式的鼓励，有的孩子可能不以为然，如此就起不到预期的作用。

案例中的母亲，为了激励孩子能够继续坚持写"说说"，就别出心裁

---

① 王智慧. 放大优点持续激励——2016 中国新父母年度人物提名奖获得者王智慧亲子成长自述[J]. 教育，2016（52）.

地邀请孩子的"老师、叔叔、阿姨（对他了解的，家中有孩子跟他同龄的），还有他比较仰慕的优秀的大哥哥大姐姐等"，主动加孩子QQ好友，然后去看他的"说说"，再加以点赞和点评。而且，为了不让孩子感觉突然，感到有压力，母亲让已经是孩子QQ好友的叔叔阿姨先看先点赞，接着再邀请孩子喜欢的叔叔阿姨，陆续加儿子。母亲的精心设计和安排，让孩子很有成就感，极大地激发了孩子持续写"说说"的积极性和兴趣。大家的关注和称赞转化为孩子写"说说"的动力，对于大家的热情鼓励，孩子也"投之以桃，报之以李"，他"每天都留心观察生活"，用心撰写每一篇"说说"，而且"整整一个暑假，他从来没有落下过一天"。

总之，案例中母亲的良苦用心和巧妙安排，成功地激励了孩子持续地写"说说"，促使孩子不仅愿意写，也做到用心地写，最后形成了坚持写日记的好习惯。

29. 孩子在校违纪不改

> 家庭教育碎碎念：
> 惹是生非的孩子，更需要父母平和的情绪，积极的帮助，家校的协同。

孩子在学校里的行为表现，是父母们最为关心的事情。假如孩子在学校表现不佳，班主任一般会与孩子的父母沟通，告诉孩子"违纪"的情况，要求父母共同来"管好"孩子。遇到这种情况，父母一般会配合老师，对自己的孩子进行一番教育，甚至会动用一些惩罚的手段，希望孩子能"痛改前非"，在学校、在班级做到遵纪守规。然而，学校老师都"搞不定"的孩子，不少是惹是生非的"熊孩子"，不仅老师在教育上感到头疼，父母也常常感到很难管教好自己的孩子。改变这种有心无力的状况，教育引导"熊孩子"改变"坏"的行为方式，应该是不少父母关心的话题。那么，有什么行之有效的方法吗？简单地讲，父母要和教师加强沟通，运用好激励约束机制，一起来帮助孩子转变观念，养成良好的行为习惯。下面，我们将结合案例，对这一问题进行具体的探讨。

案例 29.1 老师说，女儿教而不改

我家女儿今年6岁，刚上一年级，在班级里非常顽皮，经常和男孩子打打闹闹，擦黑板扫地等班级值日也积极报名参加，在班上属于那种假小子的样子。班主任老师告诉我，女儿上课不听讲，喜欢做小动作，摸摸文具盒里的文具，或者掏掏书包，要不就伸手去扯扯邻桌同学的衣服。刚开始时，我在家里批评她上课不专心听讲，要她上课坐端正，听老师话不做小动作。她倒是很乖地答应了我，课堂上也确实有几天变好了。可是没过

多久，又犯老毛病了。再批评她时，效果明显不如以前，有时还和我斗嘴，气得我动手拧她耳朵。

前天，老师又打电话告诉我，说女儿上课时把脚搁在板凳上，有时还把脚跷到桌子上，老师让她把脚放下来，并坐端正，她竟然连老师的话都不听，不一会儿脚又搁到了凳子上。我当时非常生气，立即赶到学校，趁下课时走进教室，把女儿拎到角落里，狠狠地批评了她一通。谁知，她竟然当着那么多同学的面大声哭起来。好多同学围过来看热闹，弄得我十分尴尬，只好又耐下性子去哄她。

我很担心，女儿学习习惯这么差，这样下去怎么得了？一批评她就哭，真是打又不是骂也不是。怎样批评她才能改正过来呢？①

案例29.1中母亲的担忧和无奈，缘于简单粗暴的批评，对于女儿坏习惯的改正，丝毫起不到预想的效果，而且还引起了女儿情绪的波动。分析案例中的母亲教育方法和女儿的行为表现，折射出一个问题，即如何运用好教育批评的手段，来改正孩子的不良行为表现？以下的一些做法，应该有助于提升教育批评的效果。

第一，批评孩子时应考虑孩子的感受。

案例中的母亲得知女儿在学校违反课堂纪律，被老师指出问题后还不改正，就非常生气地赶到学校。趁着下课的休息时间，这位母亲走进教室，不顾女儿的同学在场，还把女儿拎到一个角落，狠狠地批评了一通。母亲的批评并没有奏效，反而让女儿当着许多同学的面大声哭泣，从而引发了同学的围观。女儿为什么会在受到批评后情绪失控？或许与当着同学的面，被母亲狠狠批评有着密切的关系。与成人一样，孩子也有被尊重的需要，也会注重在同伴之中的形象和面子。母亲当众批评孩子，直接引起

---

① 钱如俊. 批评孩子有艺术 [N]. 中国教育报，2017-12-28.

了孩子的抵触和反感，至于母亲内心的着急和期望，孩子又能感受到几分？实际上，母亲不管有多着急，不管有多生气，也应该将孩子带出教室，找一个合适的场所与孩子沟通，对孩子开展教育批评。

第二，了解原因后再进行恰当的批评。

案例中的孩子上课喜欢做小动作，被老师和母亲批评之后，还依然故我，不知"悔改"。案例描述了孩子在课堂上的不良表现，描述了母亲的几次批评，以及孩子的反应。从案例的描述中，我们没有看到对孩子为什么会在课堂上违纪、为什么屡教不改的有关分析。可见，案例中的母亲在批评孩子的时候，只关注了孩子在学校、在教室、在课堂上的不好表现，而没有细着去思考这些现象、问题背后的原因。这样，她就不能针对孩子坏习惯背后的真实原因，有的放矢地开展批评教育，从而进行精准的"靶向治疗"。因而，她的做法是"头疼医头、脚疼医脚"，其结果是至多收一时之效，而不能达长久之功。

第三，将批评孩子与帮助改正相结合。

批评只是一种教育手段，批评孩子绝不是教育的目的。根据案例描述的情况来分析，批评的目的是为了帮助孩子改掉课堂上的坏毛病，养成良好的行为习惯。案例中的母亲，对于孩子课堂上的不良表现，进行了多次的批评，但是对于孩子如何改正这些缺点，如何养成良好的行为习惯，却很少挖空心思地思考。在要求孩子改正缺点方面，只是简单地让孩子"上课坐端正"，不要出现不好的行为，这其实是远远不够的。帮助孩子改正缺点，不仅仅是告诉孩子应该做些什么，更重要的是，要让孩子清楚为什么要这么做。显然，案例中的母亲在帮孩子改正缺点方面，采取的方法和措施是不到位的，甚至是有偏差的。

第四，将批评与表扬两种方式相结合。

批评和表扬都是教师在教育教学工作中不可或缺的重要教育手段。批评的作用主要在约束不良行为,表扬的功能主要在于激励正确的行为。有研究表明,在帮助孩子形成良好的行为习惯方面,表扬的作用要远远大于批评。案例中的母亲,针对孩子在课堂中的不良表现,采取的教育措施是批评,单一的批评。其实,再怎么狠的批评,再怎么多的批评,都取代不了表扬的作用。案例描述,刚开始时母亲的批评,让孩子在课堂上有几天变好了。在孩子行为有短暂的好转时,母亲应该抓住这难得的机会,对孩子进行充分的肯定和表扬,以激励她的行为得到持续的改善。遗憾的是,案例中的母亲错过了这一教育契机。

第五,与班主任协同教育孩子。

行为的改变、良好习惯的养成,是一个持续的过程,也需要多方面力量的共同努力。案例中的孩子在课堂上出现了较为严重的不良行为后,班主任老师找到孩子的母亲来处理问题。作为母亲,应该联合班主任老师和其他任课老师,共同来帮助孩子改正问题。案例中的母亲似乎只是一个人,对孩子进行多次批评。这样做的效果,远远不如联合学校老师一起来帮助孩子,一起来关注孩子的效果好。所以,案例中的母亲应该更多地与学校老师联系、沟通,讨论如何共同帮助孩子。然后,家校之间互相协作,共同对孩子施加有益的影响。如果做到了这一点,那么对于孩子行为习惯的改正,将会产生更好的促进作用。

30. 孩子越打越不听话

> 家庭教育碎碎念：
>
> 打骂，是最简单经济的教育方法。父母不需要用心分析与细心观察；却亦是最无效的。孩子们无法学会我们希望他们学会的。

在我国传统家庭教育观念中，"棍棒之下出孝子"这一说法为大家所熟知。对此，有些父母表示不赞同，有些父母则奉为圭臬，经常通过打孩子来教育孩子。固然，作为一种不教自通的教育方式，打孩子确实在某些特定的场景下可以奏效，但总的来说，哪怕是加上"教育孩子""为了孩子好"的漂亮外衣，这还是一种不文明的教育行为，产生负面的影响要多于其可能发挥的正面作用。

首先，伤害孩子心灵。孩子挨打，肉体上的伤害，一般是暂时的，但与之相伴随的一些不良的情感体验，比如说，挨打的孩子会产生沮丧、失望、孤独、无助、仇恨等情绪。随着挨打次数的增多，这些负面情绪会印在孩子的心灵当中，久久挥之不去。再具体来分析，打孩子会伤害孩子自尊。孩子是一个小大人，和成人一样，需要尊重和平等地对待。父母打孩子，是对孩子的不尊重，势必会伤害孩子的自尊心。同时，打孩子也会打击孩子自信心。打孩子是对孩子的一种严重不认可，会给孩子一种自我否定的暗示。所以，挨打的孩子自信心会受到挫伤，会变得对自己不自信。更严重的是，会丧失上进的动力。

其次，助长不良习惯。打孩子是对孩子的暴力和专制，是一种不良的行为示范。长期挨打的孩子，其攻击倾向、暴力行为要明显多于民主家庭教育中成长的孩子。在一些"熊孩子"看来，大人能够打自己是因为他们比自己强，按照这样的逻辑，碰到弱小的同龄人，自己也可以用拳头教训他们。有的孩子因挨打受了委屈，不敢在同龄人面前耀武扬威，转而以消极的方式，或明或暗对抗父母的不公正待遇。还有的孩子，习惯了挨打受骂，而且不敢反抗。当他们在外受到欺负时，也选择逆来顺受，不敢反抗。

最后，破坏亲子关系。和谐的亲子关系基于亲子间互相尊重，互相信任，互相关心。打孩子无疑是亲子关系的毒药，打得越多，中毒越深，也即亲子关系越紧张。这样一来，父母对孩子失望，孩子对家长疏远，亲子间不信任，甚至充满火药味。反过来讲，亲子关系不好的家庭，就容易发生打孩子的现象。随手打孩子的父母，有必要反思亲子之间的沟通是否顺畅，亲子之间的感情是否亲密，亲子之间的关系有没有出现问题？

案例 30.1　孩子被打后多次偷家里的钱

一个亲戚的小孩偷家里的钱，父母越打，孩子偷钱的款额越升级，而且动机也在改变。刚开始是因为要买画片，后来要买的东西种类增多，简直成了为偷钱而偷钱，最厉害的一次是偷了家里三千多元，请全班男生去大吃一顿。更奇葩的是，家里居然不知道，是学校打了电话通知，父母才发现钱少了。学校也很负责，了解情况后，请了心理辅导老师和孩子谈话。

谈了几次后，孩子才逐渐承认，第一次是无心，没意识到那是偷钱，只是想去买画片，父母没在家，他就想自己找钱。孩子对款额没有太大的概念，看到家里一叠百元钞票，随手抽了一张。因为父母花钱很随意，他也没觉得是个大事儿，晚上也没和父母说。睡觉脱衣服时，兜里的零钱掉出来，父母发现了。赶上父母刚吵完架，不听他解释，就对他一顿打。孩子从来没受过这么大的委屈，越想越生气，过几天又拿了第二次钱，跟着又挨了打。由此恶性循环。①

案例30.1中，孩子因为想买画片，而父母不在家，就自己从家里找钱去买。等父母晚上回家后，孩子也没有跟父母说。父母发现这件事后，由于夫妻吵架后心情不好，不听孩子解释就简单粗暴地打他一顿。感到委屈的孩子，就以再次偷偷拿钱来发泄不满情绪，被发现后自然又吃了顿"竹板炒肉"。再次的挨打，虽说让孩子吃了点苦头，但也助长了孩子偷钱的恶习，而且越打越偷，越偷越多，越发不可收拾。

案例中的孩子为什么越打越要偷钱？为什么父母多次打孩子，却不能改变孩子偷钱的行为？结合案例中提供的信息，我们可以做出如下判断。其一，没有深刻认识到偷钱是一种可耻的行为。案例中的孩子，可能认为偷偷拿父母的钱，是一件再平常不过的事情。他没有从道德的意义上深刻认识到这种行为的危害，没有认识到这是人生当中应该远离的污点。其二，可以满足自己的一些物质需求。孩子偷到钱之后，就可以支配这些钱的使用权。孩子可以拿这些钱买自己想买的东西，可以满足自己的一些欲望。这个过程会产生一定的满足感。其三，作为与父母相对抗的一种方式。孩子第一次偷钱，父母没有听他解释，就打了他一顿，这让孩子感到很委屈。孩子也感受到父母是讨厌偷钱这种行为的。那么，孩子就会想，既然你让我不高兴，我就要继续偷钱，也让你们感到不愉快。也就是说，孩子宁愿一次次挨打，也要通过偷钱来报复父母对他的不公正、不公平待遇。

通过以上的叙述和分析，我们不难得出结论：打孩子是教育孩子的下策，很多孩子越打越不听话，越打问题越多。其实，在现代教育理念中，不打孩子是需要遵循的一条基本教育准则。对此，不少父母可能会有疑

---

① 辛上邪．"孩子越打越不听话怎么办？""你最好先别打孩子"[EB/OL]．http://wemedia.ifeng.com/19875097/wemedia.shtml.

问，告别打孩子之后，我们应该怎么来教育孩子？

第一，多了解孩子。打孩子的父母，往往缺乏对孩子的了解，或者说一厢情愿地以为了解孩子，但他们其实并没有真正了解孩子。父母真正了解孩子以后，就会清楚孩子的所思所想，就会明白打孩子会给孩子带来的伤害，也就知道打孩子并不能取得理想的教育效果。因此，父母要多与孩子沟通，多了解孩子。做到了这一点，孩子犯了错误之后，父母也就能够有的放矢地采取教育措施。

第二，多引导孩子。引导是一种柔性的教育方法，需要父母的耐心，需要一以贯之，才能发挥这种方法的作用。对很多调皮的孩子来说，引导一开始似乎难以收到立竿见影的功效。但这时，父母即使内心焦急，行为上也不能表现出急于求成的样子。实际上，孩子在犯错误之后也需要冷静，在听了父母"苦口婆心"的劝说后，常需要一个人独处，来慢慢消化父母说的话，来反思自己的错误。这个时间，父母要给得出，等得起。

第三，多激励孩子。孩子与大人一样，都希望得到肯定和夸奖。打孩子的父母，往往在惩罚孩子时比较慷慨，在需要激励孩子时就显得很吝啬。当孩子出现好的行为苗头时，父母要用真诚的表扬，来强化孩子正面的行为倾向。有人讲，好孩子是夸出来的，虽说有点片面，但也有一定的道理。在激励孩子的时候，只要找对了方向，找准了切入点，就能够通过激励，帮助孩子养成良好的行为习惯，培养出一个人见人爱的好孩子。

当然，我们也需要注意，不打孩子并不是意味着纵容孩子。打孩子与尊重孩子不是非此即彼的关系，打孩子本身只是一种教育手段，这种手段不好用就要换一种好用的，管用的。从打孩子到不打孩子，家长身上的责任并不是轻了，而是更加重了，对孩子的关注不是少了，而是更加深入了。如果将不打孩子理解成纵容孩子，理解成对孩子听之任之，放任不管，那就走入了认识的误区。

同时，不打孩子更需要父母以身作则。不打孩子之后，父母除了与孩子礼貌而严肃地讲道理，更需要以身作则，给孩子做好行为示范。父母的一言一行，一举一动，对孩子都具有潜移默化的影响，而且是一种长期的、稳定的影响。孩子的身上常常可以看到父母的影子。好孩子的背后，往往有高素养的家长。同样的，熊孩子身上的很多坏毛病，其实是从父母那儿学来的。所以，父母在孩子面前要严于律己，用良好的言传身教，来引导孩子养成良好的行为习惯，从而在根上杜绝打骂孩子的行为。

31. 情境体验代替打骂

> 家庭教育碎碎念：
>
> 惩罚是一种教育手段，是让孩子为自己的过失承担责任，但绝不是体罚。

在教育孩子的过程中，惩罚是父母经常运用的教育方式。对于犯错误的孩子，对于不听话的孩子，父母习惯于用惩罚来约束孩子，期望孩子改正不良行为。惩罚的运用，看不起并不复杂，打骂就是很常见的一种惩罚方式。而且，有时候似乎能够收到立竿见影的"效果"，有的孩子的确会因害怕惩罚而调整自己的行为。但如果不注意惩罚的技巧，惩罚不当、惩罚过度，则会引起孩子内心的反感、抵抗，甚至与父母发生言语和行为上的冲突。

为了取得更好的教育惩罚效果，有必要创新惩罚的方式，使惩罚更具艺术性，更富含智慧和创造性。比如，可以将情境体验与惩罚相结合，为情境体验赋予惩罚的教育功能，通过情境体验放大惩罚的教育作用。

案例 31.1　让孩子体验害怕作为惩罚

记得我女儿上幼儿园的时候，每次回家都会和邻居的孩子玩一会儿，饭好了我就到门口喊她回来吃饭。夏天白天比较长，玩儿的时间也长。后来天渐渐变短，我喊她回家的时间随之变早，她不愿意回家，就跑到小朋友家里玩儿。她怕我找到她，于是今天到这个小朋友家玩儿，明天到另一个小朋友家里玩儿。

学龄前的孩子时间观念不是太清晰，有一次她在小朋友家里玩儿到晚上 7 点多也没回家。当时家里只有我们两个人，我不知道她在哪个小朋友家里,不敢出去找,怕她回家看不见我会害怕。我在家里坐立不安,不时到窗前看一会儿,又到门口看一会儿。

晚上7点半她终于回家了,我当时气得可以说打她都不解恨。因为我平时对孩子就是"暴力镇压",孩子已经习惯了我的惩罚模式,自己知道错了,脸上的表情流露出"你打吧"的潜台词。以前打了她以后,我告诉她妈妈如何担心,女儿根本没有反应。

这次我没有打她,把厨房的灯关上,让她站在那儿我就走开了。不一会儿孩子慢慢地推开门主动向我道歉。孩子从来没有这种行为,但我没有立即答应她,仍然让她站了大约十几分钟。她告诉我:"妈妈我害怕,我以后不会这样了。"

孩子体验到害怕以后,再没有出现晚回家不告诉家长的情况。初中时老师经常拖堂,当时没有手机只有学校的电话卡,她怕我担心,晚放学一定会打电话告诉我,哪怕有同学为此笑话她。后来孩子上大学以及到国外留学,直至现在参加工作,一直都延续这种模式。一次体验式管教,至今有红利。①

案例31.1中,孩子下午放学后到小朋友家里玩,还玩得忘了时间,晚上7点多了还没回家。母亲一个人在家,不方便出来找。苦苦等待,女儿又很晚没回家,心中的焦急可想而知。好不容易等到女儿回家了,按照惯常的套路,母亲肯定会对女儿进行一番责骂,甚至使用暴力手段。这一次,母亲没有打孩子,她换了一种方式来惩罚孩子。那就是关了厨房的灯,然后让孩子一个人站在那里。这一处理方式取得了非常好的教育效果,我们试着从以下几方面进行分析。

第一,用新方法取代老方法。针对年幼的孩子,放学后到小朋友家

---

① 吕以姿.别光讲道理,试试体验式管教[N].中国教育报,2016-03-31.

玩，忘了时间，母亲旧的惩罚方式是打孩子。然而，打骂的老方法却收效甚微，孩子没有往心里去，没有深刻认识到晚回家有多么不对。既然老方法不管用，那就有必要换一种方法。值得肯定的是，案例中的母亲大胆地采用了体验式惩罚的方式来教育孩子，她没有因循守旧，没有抱着打孩子的老方法不放。母亲改变了自己的教育方式，体现了开放、变通的家庭教育理念。

第二，变硬方法为软方法。打骂是教育惩罚的硬方式，相对来讲，体验式惩罚是软方法。表面上看起来，硬方法似乎能给孩子更深刻的教训。有不少的父母以为，这种方式能给孩子留下难忘的印象，起到理想的教育效果。其实未必，很多时候，打孩子给孩子的伤害要远多于教益。对有的父母来说，与其说打孩子是为了教育孩子，还不如说是自己发泄不良情绪的途径。可见，软方法的"软"并不是软弱的"软"，而是一种柔性教育，能够发挥"随风潜入夜，润物细无声"的作用。

第三，用冷处理代替热处理。打骂孩子是一种"火爆"的教育惩罚，又动手又动嘴，父母和孩子情绪比较激动。如果说打骂孩子是教育惩罚的热处理，那么体验式惩罚就是一种教育惩罚的冷处理方式。需要明确的是，冷处理不是不处理，不是放着不管。冷处理可以帮助父母和孩子冷静下来，避免父母因一时愤怒而做出不当或失当的行为。孩子也能够在冷静的状态下，更好地反思自己的行为，反思自己的错误和改正措施。案例中的母亲采用的体验式惩罚，虽然没有什么言语，没有什么太多的动作，但这种无声的教育，发挥了"无声胜有声"的教育效果。

总之，案例中母亲用体验式惩罚代替传统的打骂，孩子通过在黑暗中的独处来体验害怕，感悟母亲一个人独自等待自己的心情，从而产生了积极的、长久的教育成效，也即一次教育孩子，却收获长久的教育红利。在现实的教育情境中，父母不仅可以用体验式情境来惩罚孩子，也可以用体验式教育来引导孩子的行为,从而起到代替打骂的教育方式,收到较为理想的教育效果。

案例 31.2　角色扮演引导孩子行为

兜兜有时在外面玩久了不愿回家,过去我会硬拖着她上车,她会极力反抗大声哭闹,而且这样的情形会反复出现,让我精疲力竭。后来我发现兜兜很喜欢一套故事书叫《爱探险的朵拉》,尤其喜欢朵拉这个角色,我就通过角色扮演来解决这一问题。当再次发生这样的事情时,我就立刻扮演成书中朵拉的好伙伴迪亚哥,我会大声对她说:"朵拉,我们现在好像找不到回家的路啦,怎么办呢?"她立刻就进入了场景,想了想说:"那我们来看看地图吧!"我就接着说:"地图地图!map!"然后把手机导航打开,抱着她上车,顺利回家了。

这样既增进了生活中的情趣,又达到了目的,还没有让她产生负面情绪,真是一举多得。在平时,我们也会经常玩这样的角色扮演游戏,乐此不疲。①

案例 31.2 中,针对女儿在外面玩久了不愿回家的难题,父亲现场设计了一个教育情境,让女儿扮演故事中朵拉这一角色,自己则扮演朵拉的好伙伴迪亚哥,并通过对话帮助女儿进入角色。父亲把自己的意图自然地融入了教育情境,对话的内容直接围绕引导女儿愉快地回家而设计。这样,通过角色扮演游戏,让孩子在快乐的体验中,顺利实现了父亲的教育意图,避免了硬拉着孩子回家时出现的大声哭闹等不良状况。

---

① 高山. 在故事的哺育下——2016 中国新父母年度人物提名奖获得者高山亲子成长自述 [J]. 教育,2016 (52).

（七）感恩与节俭

美国斯坦福大学心理学家刘易斯·特曼曾于1921年开始对1440名天才儿童进行了30年的追踪研究，发现有20.0%的儿童在幼儿期智商很高，但成年以后没有什么成就。与那些成功者相比，其差距不在智力方面，而在非智力因素的个性品质上。但一般家长总是更重视孩子身体素质和智力的培养，给孩子提供了充足的物质条件和学习条件，却忽略了孩子良好性格的培育，也不了解应该培养哪些个性品质。所以孩子尽管很聪明，但在学习成绩并不好的情况下，身上已经表现出懒惰、自私、自觉性差、依赖性强、对别的事物都不感兴趣、意志薄弱等问题。

感恩和节俭是父母需要加以重视的品格。当父母付出了无尽的爱给孩子，收获的却是孩子的冷漠和自私时，每一位父母都会感到既吃惊又心寒。不少孩子把父母无微不至的爱看成天经地义，以自我为中心，不懂得体谅，不懂得节俭，更不知道感恩。作为父母，不妨也讲讲"爱的付出有讲究"之理，从小教会孩子感恩和节俭。

32. 谁动了我的私有物品

> 家庭教育碎碎念：
> 父母既要尊重孩子对个人私有物品的处置权利，同时也要渐进式地培养孩子分享的观念。

在现实生活中，有的孩子喜欢保管自己的物品，还认为这些物品是个人私有的，是神圣不可侵犯的，别人是不能随意动用的。一旦他人不经告知，不经同意，动用了孩子的私有物品，孩子的反应，可能出乎大人的意料。即便是长辈的无意之举，只要认为自己的私有物品受到了"侵犯"，孩子也会做出一些令家长感到尴尬的举动。

针对孩子喜欢保管私有物品的习惯，对私有物品偏于"狭义"的定义，以及对他人，包括长辈无意动用其私有物品的过激反应，父母应该如何看待，如何来引导？还有，父母如何把感恩教育，与孩子私有物品的动用，有机地联系起来？下面，我们将结合案例的分析，来对这些问题进行具体的讨论。

案例 32.1 谁偷吃了我的梨

每逢过年过节，总有亲戚朋友来家做客，免不了要给老人和孩子带上些好吃的食品。每每老人都会习惯地对家人说，"大家一起吃（他们的食品）。"女儿每次都把自己的食品放进"百宝箱"里。可能她认为这是属于她的东西，应该自己来保管。当时我们大家都觉得她还小，早晚都是给她吃的，就没在意，让她去做自己喜欢的事吧！

可有一天，全家在吃晚饭，女儿突然叫起来，"谁偷吃了我的梨！"这时，我们都非常尴尬，说："你怎么知道梨被吃了呢？"女儿说："这是爸爸给我买的。早上明明看见还剩两个的，一大一小，而且，吃掉的是大的那一个。"女儿理直气壮地指着饭桌上的果盆，又说："对了，白天只有奶奶一个人在家，肯定被她偷吃掉的。哼！""噢，我看见那个梨有点烂掉了，所以就把它吃了。"婆婆反倒不好意思地接着说。"吃了就吃了。吃完了还可以买的，不可以用偷吃这个词。不文明……"[1]

案例32.1中，奶奶看到孩子保管的梨有点坏了，就没有问孩子的意见，"好心"地帮孩子吃掉了。谁知孩子发现梨不见之后，说出了"谁偷吃了我的梨"的惊人之语。孩子的话语，让家长感到非常尴尬，大人的回应似乎也没有很好地解决问题。根据案例的描述，我们可以挖出几个值得讨论的教育细节问题。

第一，孩子的食品是否可以由自己来保管？

案例中的孩子，喜欢把别人给她的食品，放进自己的"百宝箱"里，由自己来亲自保管。对此，包括父母在内的家长，并没有在意，默许了孩子的行为。其理由：一是孩子还小，孩子的行为是"孩子事"，是不足为虑的；二是孩子保管的食品，"早晚都是给她吃的"，由孩子自己来保管自无不可；三是孩子喜欢这么做，而且这也不是什么大事，就由着孩子好了。

粗略地品味让孩子保管自己食品的理由，似乎也是合情合理的，好像找不到什么大的问题。但我们需要追问的是，在让孩子自己保管食品的同时，有没有培养孩子分享的观念？有没有通过保管食品，培养孩子自觉整理自己物品的好习惯？如果孩子只是把保管的食品，划定为个人的专属物品，只能自己吃，别人不能动，那么孩子从中学到的、悟出的"道理"，应该是与父母的本意背道而驰的。

---

[1] 该案例由宝林路第三小学顾奕隽同学的家长撰写。

第二，动用孩子的物品是否要事先告知？

案例中的家长，一方面默许孩子自己保管食品的行为，一方面又在特定的场合，没有尊重孩子的所有权。案例中的老人，会习惯地说"大家一起吃"。老人不仅这么说，也是这么做的。所以，在老人看来，既然我是这么说的，这么做的，孩子理所当然地要这么说，这么做。那么，不告知孩子，就吃了孩子保管的梨，是再正常不过的事。而且，这还是一个有点烂掉的梨，孩子应该不需要的，扔掉又可惜，不如自己吃掉。但是，问题在于，孩子并不是这么想的。

这就涉及一个问题，孩子私有物品的所有权是否要被尊重？动用孩子的私有物品，是否也需要事先征求孩子的意见？实际上，孩子也是家庭成员，也应该拥有与大人平等的权利。动用其私有物品，事先告知是对其起码的尊重。即便没有条件当面告知，也应该事后及时地与孩子沟通，进行必要的解释说明。

第三，如何引导孩子看待梨被奶奶吃掉这件事？

在孩子不知情的情况下，奶奶吃掉了孩子保管的梨。虽说奶奶缺乏尊重孩子的意识，但无论其吃梨的动机，还是吃梨的结果，都说不上"偷"。孩子高叫"谁偷吃了我的梨"的行为，以及推断出是奶奶偷吃掉的说法，反映出孩子的认知和行为存在一些偏差。

首先，对于偷吃梨的认定。孩子可能以为，不告而取即是偷。不过，孩子没有想到的是，这一标准不适用于案例中的场景。

其次，不依不饶地追究谁吃了梨。孩子在吃晚饭时，突然高叫已经是失礼的行为，"谁偷吃了我的梨"这一发问，更是令大人们感到非常尴尬。孩子没有察言观色，也没有在大人的追问中顺坡下驴。

最后，对于奶奶吃梨的态度。孩子通过排除法，推断出梨肯定是被奶奶"偷吃掉的"，而且用"哼"这个语气词，表达内心的不满。孩子的行为，把尊敬长辈、感恩长辈的意识置之于度外。

总之，孩子的行为表现，说明她在礼仪方面，在食品分享的观念上，以及在孝敬长辈上，都存在一定的缺失。父母在日常的生活中，应该有意识地加强教育引导。比如，利用案例中发生的事情，与孩子进一步沟通，开展深入的讨论。尤其重要的是，要将感恩教育融入其中，帮助孩子形成感恩的美德。

33. 最后一块蛋糕给谁

> 家庭教育碎碎念：
>
> 要想让孩子拥有一颗感恩的心，不是父母口头的说教，而是把感恩化在生活中的每一个情境中。

关于如何分蛋糕，有一个经典的故事，说的是：有几个人为如何公平地分蛋糕争吵不休。谁都想自己来切分蛋糕，因为分蛋糕的人，可以以权谋私，把最大的一块蛋糕分给自己。这时，有人给他们出了一个好主意：把最后一块蛋糕，留给切蛋糕的人，从而完美地解决分蛋糕的公平问题。

在这里，我们不是讨论公平分配蛋糕的问题，而是讨论父母如何教育孩子，让他们在家庭中学会分蛋糕的顺序，第一块蛋糕先给谁，最后一块蛋糕留给谁，并让孩子来亲自操作，以培养孩子的感恩之心，感恩之情。

当然，培养孩子感恩的观念和行为，有多种方式，分蛋糕仅仅是其中的一种。我们需要注意的是，孩子感恩之心的培养，同其他道德品格的养成一样，都应该渗透到日常生活之中，把生活与教育紧密地结合在一起。

案例 33.1　最后一块蛋糕给自己

情境一：

陈菲是九零后独生子女，父母的掌上明珠，但老师和同学都说，在她的身上看不到一点自私、骄纵、自理能力差等独生子女的不良习气。陈菲曾经到美国访学一年，与当地美国家庭同吃住，很快她就融入了这个家庭。由于美国妈妈在一周出去工作的两天中都是晚上十点才回家，陈菲每次都会等着美国妈妈回来，关切地询问她是否劳累，是否需要帮忙做饭，如果不需要帮忙，在给美国妈妈道"晚安"后才睡。从这一点上，美国妈妈就直夸陈菲是一个懂事的小孩。

情境二：

菲爸一直强调他的一个教育目标，"做人一定要大气"。

在女儿很小的时候，每次去超市购物都会带着她。结账出来时，一般会跟服务员多要几个塑料袋，然后就在超市门口把选购来的商品分袋装。菲爸会告诉陈菲哪袋是买给奶奶的，哪袋是买给外婆的，哪袋是买给表哥的。慢慢地，在以后的每次购物中，她会主动说买些什么给奶奶，买些什么给外婆，买些什么给表哥等等。

情境三：

有一次，女儿过生日，菲爸让她分蛋糕，并且告诉她，"你的生日蛋糕切下来第一块要分给妈妈，因为今天是你的生日也就是妈妈的痛苦日，是妈妈把你生下来，没有妈妈的痛苦就没有你的快乐。生日蛋糕的第二块要给爸爸吃，因为在你的成长过程中，除了妈妈，爸爸的付出也很多。生日蛋糕的第三块应该给奶奶吃，因为没奶奶就没有爸爸，所以你要孝敬奶奶。等所有的大人和老人都分到了蛋糕，最后这块蛋糕才是你的。"[①]

案例33.1由三个小故事组成，虽各有侧重点，但都与感恩有关。

情境一描述的是，独生子女陈菲在美国访学期间，住在美国家庭一年中发生的故事。美国妈妈每周有两天要工作到晚上十点回家，懂事的陈菲每次都等着她回家，每次都嘘寒问暖，都问是否需要帮忙做饭。在睡觉之前，还不忘与美国妈妈道"晚安"。从中，我们可以看出，陈菲对为自己提供吃住的美国家庭，怀有感恩之心，并以力所能及的实际行动，来表达这份感激之情。无论是与亲朋好友、老师同学相处，还是到国外的家庭共同生活，他人对陈菲的评价都表明，常怀感恩之心的孩子，显然是一个懂

---

① 郁琴芳. 用爱设计女儿成长之路——2016中国新父母年度人物提名奖获得者陈沪铭亲子成长故事[J]. 教育，2016（52）.

事的孩子，是一个受欢迎的孩子。

情境二描述的是菲爸教育孩子"做人一定要大气"的一个方法，即每次去超市购物都会带着孩子，而且特意分装选购来的商品。分装的目的是为了告诉孩子，有的是给奶奶买的，有的是给外婆买的，有的是给表哥买的。慢慢地，陈菲习惯了每次购物，要给长辈、表哥买东西，并且会主动提出来。我们再来分析"做人一定要大气"这一观点，其背后有对他人的关怀，有对他人的感恩。比如，在日常生活中，奶奶、外婆、表哥应该都很爱护、关心陈菲。陈菲在得到关心的同时，想来也是心存感激的。菲爸的方法，帮助孩子把这种感激、感恩，以恰当的形式表达出来，并且通过行动强化了孩子的感恩之心。

情境三描述的是陈菲过生日时，菲爸告诉女儿分蛋糕的顺序和理由。除了孩子，在场的还有爸爸、妈妈和奶奶。菲爸对女儿说，第一块蛋糕先给妈妈，孩子的生日也是妈妈的苦难日；第二块蛋糕给爸爸，爸爸为女儿的成长付出很多；第三块蛋糕给奶奶，是奶奶养育了爸爸，小孩要孝敬老人。等爸爸、妈妈、奶奶都分到蛋糕后，最后一块才分给自己。不难看出，在告诉女儿如何分蛋糕这件事上，菲爸以报答长辈的养育之恩为主题，教育孩子分蛋糕要"先人后己"，要把最后一块蛋糕留给自己。

虽然菲爸没有直接对孩子进行有关"感恩""报恩"的说教，但是，他把这些思想和内容有机地渗透到分蛋糕的行动中，让孩子通过分蛋糕的实践，自己体会其中的深意。这种渗透的教育方法，或许正是菲爸的高明之处，因为渗透于生活中的教育方式，把道德观念与生活实际紧密地结合在一起，比苍白的说教更生动，更有说服力，更有教育的力量。

总之，在案例的叙述中，我们看到了陈菲的感恩、大度、无私、关爱、谦让……显然，这些都得益于菲爸家庭教育的熏陶和培养。现如今，我们看到太多的家庭以儿童为中心，在普遍的"四二一"的家庭结构中，六个人围着一个小太阳转，使得独生子女滋生了很多坏毛病。相比而言，陈菲身上的这些优点是多么宝贵！她不仅没有沾染上自私的恶习，菲爸的细节教育和榜样示范，还让陈菲明白了什么是家庭，学会了心存感恩，主动承担家庭责任，关爱身边的每一个人。

34. 培育正确的金钱观

> 家庭教育碎碎念：
> 父母需要从小关注儿童的金钱观，这是引导孩子树立正确人生观的内容之一。

穷养孩子，还是富养孩子，一直是父母们热衷讨论的话题。"女孩要富养，男孩要穷养"的观点，被不少父母奉为养儿育女的圭臬。更有甚者，放着精致的大房子不住，为了穷养男孩，租了个破旧的小房子，一住就是十多年。也有父母，自己省吃俭用，却不短女儿花费，但也仅仅限在物质生活的富足，却没有培养女儿为人处世的格局，没有给予女儿精神世界丰富的养料。

其实，不管是穷养，还是富养，都离不开如何在孩子身上花钱，离不开教育孩子如何花钱，也即离不开如何培养孩子正确的金钱观。穷养也好，富养也罢，都要养成孩子节俭的好习惯，不能乱花钱，同时，也不能过于强调节俭，不知不觉让孩子染上"小气""计较"等小毛病。下面，我们将结合案例，对培育孩子节俭的观念，进行具体的探讨。

案例 34.1　你们要请我们看电影

轩轩 7 岁了，因为受到男孩要穷养的影响，一直以来，妈妈对他的需求控制很严，轩轩在商场看中什么玩具，妈妈只会在网上帮他淘，或者直接告诉他："太贵了，妈妈买不起。"平时还时常教育他，金钱来之不易，爸爸妈妈要很辛苦地上班，才能挣钱养活他。在幼儿园里，老师反映孩子时常把钱挂在嘴边上。

有一次，轩轩妈妈和朋友一起带小孩出去玩，他竟然对妈妈的朋友说：“阿姨，刚才我妈妈请你们吃饭花了很多钱，一会儿你们要请我们看电影。”轩轩妈妈当时很尴尬，同时又很担心，这么计较金钱的男孩子，以后走上社会是会被人看不起的，该怎么办呢？①

案例34.1中，轩轩主动要求妈妈的朋友请客看电影，理由是刚才妈妈已经请他们吃过饭，而且还花了很多钱。这让妈妈既感到尴尬，又深为担心。尴尬的是，孩子提出的要求有些无礼，又显得小气，让妈妈在朋友面前"丢面子"；担心的是，男孩子这么小就开始计较金钱，长大以后会被人看轻，不易交朋友。尴尬仅仅是一时的，担心则会持续一段时间。

轩轩会说出这样的话，与父母对他的日常教育有着密切的联系。轩轩的父母信奉"男孩要穷养"，所以，妈妈严格控制他的物质需求。对于孩子在商场看中的玩具，妈妈要么帮孩子在网上淘便宜的，要么直接说太贵了买不起。在日常生活中，还强化孩子"钱来之不易"的观念。假如孩子乱花钱，或者用起钱来大手大脚，净挑贵的东西买，父母强调"钱来之不易""赚钱很辛苦""用钱要节约"等观点，也并无不可。但是，孩子的日用已经相当"节约"了，再强调这样的观点，则有过之而无不及了。父母的穷养方式，造成了轩轩对钱看得太重，在幼儿园里也"时常把钱挂在嘴边上"。如此，说出"刚才我妈妈请你们吃饭花了很多钱，一会儿你们要请我们看电影"这样的话，也就不足为奇了。

实际上，男孩要穷养，不是简单地限制孩子的消费，告诉孩子家里穷，或者是赚钱不容易，而是要让男孩体验一定的困难、挫折，知道美好的生活要靠努力、拼搏来获得，还要培养男孩艰苦奋斗的精神、量力而出的消费观念。如果把男孩要穷养理解成要物质的限制、金钱的限制，那么很可能适得其反，容易使孩子对金钱的认识产生偏差，认为钱是万能的，

---

① 韩允慈. 家庭如何培育3～6岁幼儿正确的金钱观[J]. 小学科学（教师版），2013（12下）.

形成金钱至上等错误的价值观。

总之，案例34.1中，轩轩父母在致力于"穷养男孩"的过程中，由于认识不深刻，教育的方法不当，对孩子花钱失之于"严控"，造成了孩子金钱观的错位。当然，这并不是说对于孩子的物质需求，父母就要尽力满足，对于孩子的消费，父母要不计成本。父母还是要倡导勤俭节约、量入为出的消费观念。而且，父母要引导孩子，钱还有很多用途，比如说用来帮助他人，用来做慈善。

案例 34.2　把零花钱捐给灾区

汶川地震时，幼儿园组织孩子向灾区捐款，别的孩子带来的都是百元大钞，只有娟娟抱来了一只储钱罐，从储钱罐里倒出了许多零钱，有一元的，还有五毛、一角的。老师和她一起点数，总共有一百多元，娟娟把这些钱都捐给了灾区。娟娟妈妈告诉老师，这些零钱都是平时一点一滴积攒下来的，有买菜找的零钱，娟娟的零用钱省下来不用也都存在里面。日积月累，储钱罐越来越重，而娟娟也养成了不乱花钱的好习惯，借此机会将钱都捐给灾区，对孩子来说是一个很好的教育契机。[①]

案例34.2中，娟娟妈妈教育孩子，把平时的零花钱节省下来，等需要献爱心的时候，则把积攒的零钱一次性捐出去。案例中，娟娟是把平时积攒的一百多元零钱，捐给了汶川地震受灾的地区。娟娟的做法值得肯定，娟娟妈妈教育孩子积攒零钱献爱心的方式，也值得我们学习借鉴。一方面，娟娟妈妈的教育方式，养成了孩子不乱花钱的好习惯，也即节俭的生活方式；另一方面，孩子把自己的钱，花在做慈善、献爱心上，既能帮助需要帮助的人，又能接受一次心灵教育，这也说得上是一举两得的好事。

总之，对于培养孩子的金钱观、消费观，有些基本的观念，父母应该

---

① 韩允慈. 家庭如何培育3~6岁幼儿正确的金钱观［J］. 小学科学（教师版），2013（12下）.

灌输给孩子，比如量力而行、量入为出，注意家庭财政规划；追求舒适的同时要注意节约、避免浪费；不要为了买东西而买东西，比如不要为了面子、赶时髦去购物，切忌攀比。炫耀是不光彩的，自己有能力消费时，别忘记帮助社会需要帮助的群体等等。① 父母还要让孩子从小明白，我们要做金钱的主人，而不是做金钱的奴隶，我们要支配金钱，而不是被金钱支配。

---

① 辛上邪. 寒门难出贵子？全世界都一样！但有个例外……[EB/OL]. http://wemedia.ifeng.com/7986844/wemedia.shtml.

三、回应教育细节

在任何一个家庭中,家庭教育应该都是父母有意识、有计划地对孩子进行教育、施加影响的过程。一般而言,父母的教育行为以主动为主、以成人的规划为主,而且带有强烈的主观性、计划性。因此,家庭教育中大部分的内容都是通过父母的主动教育来完成和实现的。

在实际的家庭生活中,除了主动、有意识地教育计划、行为之外,父母每天还会碰到各种各样的"问题",需要他们去解决、去回应。比如,孩子要求买一件贵重的礼物、孩子今天突然不肯上学了、孩子某次测验考砸了……与主动教育内容相比,这些内容与问题大多零散、多元,往往超出父母的预期和意料。生活中,由孩子主动提出的"问题"形形色色,从类型上可以分为三类:孩子的"要求"、孩子的"表现"、孩子的"意外"。

35. 分享孩子的好消息

> 家庭教育碎碎念：
> 父母需要站在孩子的立场，对孩子带来的"好消息"客观分析，作出积极的回应，才能真正做到与孩子分享快乐时光，给家庭生活带来更多的幸福及和谐。

在孩子的世界中，会发生许多自己觉得快乐的事情。在孩子心目中，父母是亲密的家人。当有好消息的时候，孩子常常会迫不及待地告诉父母。由于视角的差异，孩子觉得有趣的事情，成人可能觉得无趣；孩子认为是高兴的事情，成人可能认为平常不过。作为父母，应当克服成人固有的观念，努力站在孩子的立场，来接纳孩子告诉你的各种好消息，并愉快地与孩子分享快乐的好时光。假如孩子兴致勃勃地告诉父母好消息，父母却因为并不认同，或是因为没空，或是因为心情不好，而不愿表现出高兴的样子，来分享孩子快乐的话，那么，必然会打击孩子的积极性，给孩子的心理蒙上一层阴影。同时，也会削弱父母在孩子心中的地位，破坏父母在孩子心目中良好的印象。

案例 35.1　女儿的大喜讯

一天放学回家，女儿在楼梯口就急不可待地冲我喊："妈妈，我要告诉你一个大喜讯，天大的喜事！"也不知道是什么大喜事，竟等不到进门再说。我就想是什么喜事让她高兴成这样呢？被老师表扬了？获什么奖了？又考了个第一？……女儿脚刚进门又喊："妈妈，你猜猜看是什么大喜事？"我把刚刚想的一个个说了。她一遍遍摇摇头："错错错，都错，我告诉你，我踢毽子能连踢两个了！"我暗笑：就这天大喜事？但我脸上还是现出惊喜，恭喜她，朝她竖起大拇指，顺势给了她一个热情的拥抱。①

案例 35.1 中，小女孩完成自己人生中的"壮举"，即踢毽子从不能连踢到能连踢两个。放学回家，小女孩就迫不及待和妈妈分享这一"大喜讯"。案例的文字虽短，但蕴含的细节却耐人寻味。

第一，妈妈愉快地与女儿互动。案例中的小女孩很有意思，她先是打下伏笔，用"大喜讯""天大的喜事"来吊起妈妈的胃口，然后，又让妈妈来猜猜看。在妈妈看来，能称上"大喜讯""大喜事"的，不外乎"被老师表扬""获奖""考第一"等诸如此类的"大事"。谁知，小女孩"一遍遍摇摇头"，嘴上还说"错错错"。细细体会，妈妈与女儿的交流是充满耐心的，也是愉快的。

第二，妈妈恭喜女儿的好成绩。案例中的小女孩，最后告诉妈妈"大喜讯"是"我踢毽子能连踢两个了"。尽管妈妈内心暗笑，并不认同这是一件"大喜事"，但妈妈的老到之处在于：先是"脸上还是现出惊喜"，以表明自己恭喜女儿的态度，然后用实际行动再次强化，即"朝她竖起大拇指，顺势给了她一个热情的拥抱"。至此，妈妈分享女儿的好消息，并强烈地传递出恭喜女儿的想法。

应该说，案例 35.1 中妈妈的表现是可圈可点的，其"演技"也是比较到位的。如果说有什么美中不足的话，那就是女儿说的"大喜事"，妈妈的内心似乎不完全认同。当然，成人与孩子看法不同，是很正常的现象。与以一系列行为来分享女儿的快乐相比，这一点内心的不同看法，也是瑕不掩瑜的。

实际上，要想真正做到分享孩子的好消息，父母很多时候需要改变立场，站在孩子的角度，设身处地，从孩子的角度来分析孩子的想法。父母

---

① 该案例由上海市闵行区汽轮小学学生家长徐怡撰写。

需要注意的是，对于年龄大一点的孩子来说，有了自己觉得快乐的事情，或者自认为的好消息，不见得会以非常夸张的方式告知家长。尽管他们内心认为是快乐的事情，但可能以平常的方式叙述着，直到得到父母的认可与肯定，才会表现出兴奋的样子。案例35.2描述的故事，可以在一定程度上说明这一点。

案例35.2　儿子新任劳动委员

儿子放学的时候告诉我："爸爸，我们班里重新选班干部了。"

儿子一直是班里的"学习委员"。他在学校里有这样的"职务"，我感到很自豪。

我跟儿子说："不论你们班如何重新选班干部，你只安心当好自己的学习委员就可以了。"

谁知儿子却说："我这回不当学习委员了，而是新任劳动委员了。"

我心惊了一下，问儿子："是因为学习落后了，学习委员被老师给撤职了？"

儿子解释说："不是，我学习成绩好着呢。"

"那为什么不当学习委员，而换成劳动委员了？"我疑惑不解。在我心中"学习委员"是个"地位"高、体面的"白领"职位，而劳动委员是"出力流汗"的"蓝领"职位。儿子的职位由"白领"转换为"蓝领"，当然让我不理解。

儿子轻松地说："学习委员当的时间长了，我想体验一下劳动委员的乐趣。"

乐趣？当劳动委员有什么乐趣！只有"累趣"呀。我想立即否定儿子当劳动委员的选择，开导他继续当学习委员。这时儿子兴奋地告诉我："爸爸，我当了劳动委员之后，会带着同学们把教室门前的花园弄成春有花，夏有草，秋有果，冬有绿的超级花园。到那时，我请你去参观我的劳动成果，怎么样？"

看着儿子兴奋的面孔，我坚定地说："嗯！既然你选择了当劳动委员，就要做好自己的工作，争取在你的任期内实现自己的目标。到时，爸爸一定会去看你们的新花园。"

"爸爸，你同意我当劳动委员呀？"看来，儿子开始也是害怕我反对他的新选择。

"同意，非常同意。"我明确表达出我支持的态度。

"太好了，我当劳动委员的事不但同学们支持，老师支持，现在爸爸也支持了。"儿子高兴地跳起来。①

案例35.2中，儿子告诉父亲，自己新任了劳动委员。对于儿子由"体面"的学习委员改任"出力流汗"的劳动委员，父亲的心情可谓是一波三折，父亲的回应也经历"吃惊——费解——赞同"的三部曲。

"吃惊"是因为孩子新任劳动委员出乎意料，并且担心孩子不当学习委员是因为学习落后，而被老师撤职。"吃惊"反映出父亲对孩子的关心，尤其是对孩子学习成绩的关注。"吃惊"也可以推测出，孩子事先并未征求父母的意见，就自作主张地改任劳动委员了。孩子为什么要先斩后奏，为什么要在成为既定事实之后，再不动声色地告诉父亲？个中缘由，耐人寻味。

"费解"是因为孩子主动放弃"白领"职位学习委员，自愿出任"蓝领"职位劳动委员。在父亲的认知中，劳动委员和学习委员虽然都是班干部，但两者的含金量并不在一个水平线上，学习委员明显要强于劳动委员。对于孩子舍"优"求"劣"的做法，父亲实在难以理解。尽管如此，父亲犹能保持理智和克制，没有指责，没有批评，而是向儿子询问改任劳

---

① 沈兰芳. 让孩子感受选择的快乐［J］. 中华家教，2010（2）.

动委员的原因。这样回应孩子的行为细节，是值得肯定的。

"赞同"是因为孩子选择当劳动委员，是经过深思熟虑的，孩子当劳动委员有兴趣，也有"理想"。在孩子看来，当劳动委员是有乐趣的，当选劳动委员也是一个好消息。之所以一开始没有表现出兴奋的样子，是怕父亲会不支持，会泼冷水。看着父亲并没有生气，而是耐心地询问，孩子放下了小心翼翼的"伪装"，露出了真性情，大谈特谈当上劳动委员后的"理想"。了解了孩子新任劳动委员的来龙去脉，父亲转变了态度，明确地表示支持。这时的支持和赞同，也是分享孩子快乐的一种方式，更是值得点赞的教育行为细节。

不难发现，"吃惊""费解"并不是孩子希望的反馈，"赞同"才是能让孩子高兴的回应。只有站在孩子的立场，对孩子带来的"好消息"客观分析，作出积极的回应，才能真正做到分享孩子的快乐，给家庭生活带来更多的幸福与和谐。

36. 发现孩子收到情书

> **家庭教育碎碎念：**
> 面对孩子突如其来的情书，父母不要大惊小怪，也不要听之任之，而是需要采取恰如其分的引导，帮助孩子正确处理"感情问题"。

青青子衿，悠悠我心。青春萌动的青少年，对异性有好感，是再正常不过的事情。有的孩子可能给同学写过情书，有的孩子则可能收到过同学的情书。关于情书的收与送，有的孩子可能会告诉父母，请父母帮忙出主意，有的孩子可能选择瞒着父母，但又不小心被父母发现。对于孩子写与收情书的问题，有的父母视为正常现象，没有大惊小怪，但也没有听之任之，而是采取了恰如其分地引导，帮助孩子正确处理了"感情问题"。有的父母则简单地定义为"早恋"，备感焦虑，又没有采取正确的处理方法，致使简单的问题复杂化，小问题变成了大问题。

那么，该如何引导孩子出现的感情萌动？尤其是发现孩子收到情书，父母应该如何对孩子进行正确地引导？下面，我们将结合案例对此话题做一些探讨。

案例 36.1 儿子收到情书后

周末帮读初二的儿子洗衣服，像往常一样，先清理了一下他的口袋。我从他口袋里摸出一张纸条，没多想我就打开看了。

纸条上写着：陈熙，我喜欢你。

我的感觉竟然不是生气，而是有点惊喜。

……

我决定拿那些老同学们的事例，来教育下儿子。

我告诉儿子:"你们班那些现在在一起的同学,都是因为对爱情充满好奇,所以才想去尝试一下,你问他们为什么喜欢那个人,我想他们应该没有一个人能答上来,他们也许会说,因为他漂亮啊,他学习好啊,他有意思啊。

"但是,儿子,那都不是爱情,什么是爱情,妈妈现在也不会告诉你,那要等着你长大后自己去感受。在你们这个年纪谈这个问题有点早了,以前妈妈读书的时候,班里也有几对这样的同学,但是他们最后都没有在一起,反而还因为谈恋爱而耽误了学习,有几个同学都没考上高中。

"不过最后也有成了的一对,就是你胡阿姨和戴叔叔,他们是在高三毕业后,才在一起的,直到结婚。"

儿子听了之后说:"妈妈,你放心吧,我不会为了这件事耽误学习,星期一我就和她说清楚。"

我又担心儿子是表面答应我,想想既然已经聊到这个问题了,就索性聊开吧。

我又对他说:"儿子,妈妈还是希望你在学生时代能谈一段青涩的恋爱,无论结果如何,都是一件美好的事情。但是你现在太小了,妈妈希望你上了大学之后再开始谈恋爱。那个时候的你,思想会更成熟,会更有担当,那个时候的你遇到的才是爱情,而不是因为青春期懵懂产生的错觉。到时候,你可以大大方方把她带到妈妈面前,妈妈也会像喜欢你一样喜欢她。"

儿子害羞地点点头。[1]

案例36.1中,母亲意外地发现儿子收到了情书。对于这一意料之外的事情,母亲的第一反应是"有点惊喜",而不是"生气"。"喜"的应该是

---

[1] 甄士隐. 儿子收到情书,妈妈竟然这样做……太聪明了![EB/OL]. http://www.sohu.com/a/220114921_503435.

儿子长大了,而且还很优秀,被女孩子喜欢。"惊"的应该是毕竟儿子还在读初二,是未成年人,主要的任务是学习,谈恋爱还早了一些。于是,母亲决定好好与孩子聊聊这个话题。母亲还以自己同学的经历,来教育孩子如何对待"早恋"。

母亲告诉儿子,读初中时的同学,并不懂真正的爱情是什么。喜欢一个人的理由,也是一些外在的因素,如"漂亮""学习好""有意思"等等。早恋的同学,都没有"修成正果",反而耽误了学习,得不偿失。即便是最后成的一对,也是在高三毕业后,才开始谈恋爱的。

母亲以身边发生的真实故事,给儿子好好上了一课,让儿子明白要处理好懵懂的感情,把心思放到学习上。儿子说了"妈妈,你放心吧",母亲觉得还得再加一把火,继续表明自己的看法和态度,即希望儿子能在大学之后谈一段恋爱,并且表示到那时自己会非常支持儿子的选择。

总之,案例36.1中的母亲,妥善地开导了收到情书的儿子。她运用了讲故事的方法,故事当中蕴含着道理,给儿子上了深刻的一堂课。在现实生活中,父母还可以未雨绸缪,给青春期的子女讲一讲如何看待情书,如何对待感情。

案例 36.2 如果我收到了情书

女儿初二,一天我问她收到过情书吗?她愣了一下,然后摇摇头。我故意惊讶地问:"不会吧?你这么优秀难道还没收到过情书?"

她羞红着脸问我:"如果我收到了情书了,该怎么办呢?"

我说:"第一,这说明你长大了,开始吸引异性的目光了,是件好事。"

"第二,你要分析一下自己的魅力是什么?品德好、学习好、气质好、脾气好、形象好、身材好……

"第三,不论你是否对这个男生有好感,你都要静观其变,以不变应万变。中学生还没定型，他今天说喜欢你，明天说喜欢她，这都很正常。所以，你对他的情书也没必要看得太重，别让它成为心理负担。今后见到他，还要和以前一样落落大方，淡然处之，就像什么都没发生过，否则，反而会引起他的误解。

"第四，如果有可能，选个合适的时机直接告诉他，上大学前你不想考虑任何与学习无关的事。要知道，你将来上了大学，机会还多得很，现在根本没必要考虑这件事。难道要为了一棵树木而放弃整片森林吗？

"第五，写情书的男生对你的感情根本算不上是爱，充其量是一种好感罢了。真正的爱是需要与责任相伴随的，他现在对自己都负不了责，生活还要依靠父母，对你就更无法负责了。

"总之，保持优秀，修正不足。将来你还会收到很多很多的情书。到时候，你可要擦亮眼睛，选一个正直、勇敢、坚强、有责任心、有事业心的人，选一个能真正与你风雨同舟，同甘共苦，相伴一生的爱人。"

女儿听了，一脸得意，大言不惭地说："妈你放心吧，我将来找的丈夫一定比你的强。"①

案例36.2中的母亲，问了上初二的女儿一个敏感的问题，即有没有收到过情书。这个问题触及了女儿的心灵，她害羞地反问一句，"如果我收到了情书了，该怎么办呢？"针对这一难得的教育契机，母亲条分缕析，从五个方面谈了自己的看法，言之有物，有理有据，给女儿以正确的引导。这位母亲的分析，对于父母们如何解决类似的问题，不无启发意义和借鉴作用。

---

① 盆栽奶昔. 初二女生收到情书后——家长说了五句让女儿句句信服的话［EB/OL］. http://blog.sina.com.cn/s/blog_1317002010102v6p5.html.

37. 我考试没有发挥好

> 家庭教育碎碎念：
> 不要把成绩看做是孩子成长的唯一标准。

孩子的考试成绩，时常令父母牵肠挂肚。父母大多会提点孩子，要好好学习，考个好成绩。为了提高娃的学习成绩，不少父母牺牲休息时间，"加班加点"盯着孩子做作业、做练习；有条件的父母则把娃送到各种培训机构，参加各种类型的补习班，只为娃的成绩不落人后。当孩子考试之后，父母总会习惯地询问孩子的成绩，以及时了解孩子的学习状况。孩子考了个好成绩，自然是皆大欢喜，孩子考试成绩不理想，常常是愁坏了父母。

孩子考试没有发挥好，也是常有的事。面对这样的情景，父母应该做些什么？有的父母表现出满脸的失望，不去安慰孩子，帮孩子分析没考好的原因，甚至还会批评孩子。考试没有考好，孩子本来就感到不愉快了，再得到父母的负面评价，心情只会更糟糕，也不利于重拾信心，振作起来，争取下次能考好。显然，诸如批评、打骂之类的负面评价，只能加剧孩子的坏心情、坏情绪，不利于孩子的学习成绩取得进步。所以，父母就算内心很希望孩子考个漂亮的成绩，当看到、听到孩子考试没有发挥好的消息时，应该表现出镇静、淡定的样子，要试着去安慰孩子，调整孩子的心情，激发孩子努力学习。

案例 37.1　有一次考试没考好

女儿是个很要强的孩子，喜欢把事情做到完美。因此，遇到挫折的时候很容易沮丧，我一般都是相信孩子可以做得更好，鼓励她，支持她，从不严厉批评。女儿从一上学，学习就很认真，平时测验也大多是 100 分，可是一年级上学期期末考试没有考到双百，因为马虎，数学答错了一道题，得了 99 分。

出成绩那天，我去接孩子，看着孩子走出校门脸色不大好看，显得很沮丧。我就知道肯定没得双百，我也没有去问孩子分数，而是直接领她到超市，告诉她："考试结束了，咱们可以放松放松，你自己选几样东西作为奖励，奖励你这一学期的努力学习。"孩子非常高兴，买了几样喜欢的东西。

回到家，我才问孩子到底考了多少分，然后对女儿说："一次考试成绩不用看得太重。咱们不管别人考得怎样，只要你努力了，一次比一次进步，不管考多少分，爸爸妈妈都不会批评你。而且，你那么聪明又很用功，再认真点仔细点，想不考一百分都难。"

孩子也自信地表示，下次期末考试一定考双百。

一年级下学期孩子学习的自信心明显增强，偶尔小测验没有得满分，也不再那么纠结，期末考试果真拿了个双百。[①]

案例 37.1 中，父亲看到女儿心情沮丧，知道她没有考到理想的成绩之后，采取了正确的引导方法，取得了令人满意的效果。分析案例中父亲的行为细节，有两处做法值得我们学习借鉴。

第一，领孩子到超市买东西，奖励孩子一学期的努力学习。

案例中的父亲对孩子的观察比较细心，对孩子的心理活动也基本了解。当看到孩子"脸色不大好看，显得很沮丧"时，就能快速地推导出孩子没考到理想的成绩。对此，案例中的父亲不动声色，表现淡定。他没有心急火燎地马上了解孩子的考试分数，也没有像往常那样把孩子送回家，而是直接把孩子带到超市。领孩子到超市的用意是，让孩子"放松放松"，

---

① 谢南. 拓展孩子成长空间——2016 中国新父母年度人物提名奖获得者谢南亲子成长自述 [J]. 教育，2016（52）.

并选几样自己喜欢的东西作为奖励。奖励的理由是一学期在学习上的辛勤付出。这一做法，把努力学习与考试没发挥好分割开来，而且，就事论事，就一学期努力学习这件事进行奖励。如此，成功转移了孩子的注意力，让她不再想着考试的"失利"，恢复了愉快的心情，从而为回家后的沟通创造了良好的条件。

第二，回家后继续开导女儿，增强女儿取得好成绩的信心。

案例中的父亲回家后，知道女儿数学考了99分。这已经是一个很好的成绩了，不过，案例中的孩子很要强，追求完美，对于没有考到双百有点耿耿于怀。对于女儿的个性和心态，父亲应该是了如指掌的。父亲对女儿这次考试没有发挥好，进行了语重心长的开导。父亲的开导，不是简单地说"99分相当好了，不要纠结没有考双百"之类的话语，而是一段话中分了好几个层次。

首先，告诉女儿不要把一次的成绩看得太重。言下之意是，对这次考试的成绩再满意，也已经过去了，要放眼未来。其次，表明父母对孩子考试成绩的基本态度，即只要努力了，不管考多少，都不会批评。这样的态度，既表明了父母的支持，提出了要求孩子努力的希望，也不会给孩子太大的压力。最后，肯定孩子的优点，点出注意事项，并且表达了对孩子的信任。说孩子"那么聪明又很用功"，也即告诉孩子，父亲是清楚她平时用功学习的，学习上也有一定的天分；说"再认真点仔细点"，道出的是学习方法与考试的注意事项；说"想不考一百分都难"，表达了父亲对女儿今后能考出好成绩的强烈信心。

总之，孩子考试没有发挥好的情景，没有给案例中的父亲带来任何困扰。他的应对措施，非常巧妙，体现了教育的艺术，也起到了较为理想的教育效果。在他开导之后，女儿的自信心增强了，自我调节能力提升了，学习成绩也稳中有进。

38. 我不想学主持人课

> 家庭教育碎碎念：
> 脱离儿童实际情况的兴趣培养，对儿童而言无异于是一副爱的"枷锁"。

近年来，"不让孩子输在起跑线上"这一观点甚嚣尘上，一度成了很多父母的座右铭。把这句话付诸实践，主要的做法是让孩子上各种兴趣班。诚然，从小培养、发展孩子的兴趣，说得并没有错，父母们也应该一力贯彻执行。送孩子上兴趣班，大体上也是有益无害的。但需要追问的是，父母有没有帮孩子找准兴趣，上兴趣班真的是孩子的兴趣吗？

有的父母可能有个疑问：孩子的兴趣是需要引导的，孩子太小，兴趣不定，父母帮他们选择兴趣班，难道不也是理所当然的吗？这个说法有一定的道理，原则上也说得通。真正的问题在于，父母如何来帮孩子选择兴趣，如何来根据孩子的个性特点、身心发展需要，来为孩子量体裁衣地发展兴趣？

知易行难。父母帮孩子培养的兴趣，不见得就能一次性找准定位，很多情况下需要多次尝试。假如，父母辛辛苦苦为孩子报了个兴趣班，孩子过了一段时间说不感兴趣，不想去上课了，父母应该怎么办呢？我们将结合案例，对这一问题展开讨论。

案例 38.1　爸爸，我不想学主持人课了

我的女儿属于内向气质的性格，相对比较内敛，不喜欢表现，于是在她上幼儿园的时候我就给她报名参加了小主持人班，目的是要锻炼她的口才，上台表演能够落落大方。一年多过去了，虽然比起之前有所进步，但

比起那些干净利落的主持范差距还很远,我能隐约感觉出女儿有一些失落。

有一次在准备汇报表演时,女儿小声地跟我说:"爸爸,我不想学主持人课了,可不可以?"

我犹豫了一下,问她:"你想好了吗?爸爸不强迫你,你要是决定了爸爸就支持你,上主持人课不是为了让你成为主持人,只是想让你能更加自信和勇敢地展现自己。"

女儿回答道:"我想好了,确实不太喜欢上主持人课了,你会怪我吗?"

我说:"当然不会怪你,爸爸小时候胆子更小,我刚上小学的时候连到老师办公室去都不敢,到了门口门都不敢敲,更别提上台表演了,你现在比我强多了。"

女儿"扑哧"一声笑了。

我接着又说:"不过爸爸后来努力锻炼自己,学校有什么活动都积极参加,快板、相声什么的我都表演过,你能做到吗?"

女儿坚定地说:"能!"

"那好,咱们这学期学完就不学了。"

女儿高兴地抱着我说:"爸爸真好!"

现在女儿能够积极地参加班级讲故事和朗诵等活动,家里已经有好几张"故事大王"的喜报,感觉孩子更自信、更开朗了。①

案例38.1中,女儿提出不想上主持人课了,父亲没有责怪,而是耐心地与女儿沟通,解释了给她报主持人班的原因。在女儿确定不想上主持人课之后,父亲同意了女儿的请求,并借机对女儿提出了希望和要求。下

---

① 谢南. 拓展孩子成长空间——2016中国新父母年度人物提名奖获得者谢南亲子成长自述 [J]. 教育,2016(52).

面，试分析其中的一些教育行为细节。

第一，表明支持女儿选择的基本态度。

案例中的女孩不想学主持人课，是小声地告诉爸爸，说的还是问句"可不可以"。小心翼翼地说，用上征询意见的口气，说明孩子担心父亲会责怪她。案例中的父亲，是针对女儿的性格特点，即性格偏内向，不喜欢表现，煞费苦心地让女儿上小主持人课。他一听到女儿打退堂鼓了，"犹豫了一下"后，才问女儿是否想好了。"犹豫了一下"表明父亲的内心想法是，不完全赞同女儿的选择。值得肯定的是，父亲马上调整好心态，摆明不强迫女儿，支持女儿选择的态度。父亲的表态，打消了女儿的顾虑和担心，为下一步的顺畅交流，创造了良好的沟通氛围。

第二，解释让女儿上主持人课的理由。

案例中的父亲在表明支持女儿的态度之后，还解释了让女儿上主持人课的原因，即不是为了让女儿以后成为主持人，而是想让女儿通过上课和学习，能够"更加自信和勇敢地展现自己"。既然已经明确表示支持女儿的选择，那现在又来解释一番，是否表明父亲还想扭转孩子的想法？是否多此一举，画蛇添足？其实不然，父亲的真正用意有三：首先，是希望女儿想清楚，不要仓促地作出选择，事后又后悔。其次，是希望女儿了解爸爸的良苦用心，是为了帮助女儿克服自己的不足。最后，是为接下来的提要求，埋下伏笔。

第三，不失时机地对女儿提出新要求。

在女儿确定不想上主持人课之后，父亲表态不会出尔反尔，责怪女儿。父亲又现身说法，讲小时候自己的胆子很小。自暴其短的目的是为了鼓励女儿，也是为了告诉女儿，爸爸意识到这一缺点后，后来积极参加学校的活动，努力锻炼自己，改变自己。之后，父亲利用这一与女儿交心的契机，及时问女儿能不能做到。得到女儿肯定的回答后，父亲又趁机提出一个要求，即要学完这个学期的主持人课，以做到这学期的课程有始有终。

总之，案例38.1中的父亲，通过有意识地引导，成功地解决了女儿不想上主持人课的问题。他的做法既照顾了孩子的意愿，又让孩子领会了自己的意图，起到了良好的教育效果。当然，在现实生活中，也有父母明知孩子不想发展某种兴趣爱好，但还是硬逼着孩子去做丝毫不喜欢的事情，还美其名曰是为了培养孩子的爱好。

案例38.2　不爱打橄榄球的孩子

一个朋友的儿子，在爸爸妈妈的安排下去学打橄榄球，父母的目的是培养他的一项体育爱好，同时也培养他坚强的意志和勇敢的性格。可惜每一次上赛场，都是一场他和父母之间的较量。男孩儿不喜欢近距离身体冲撞，可父母却总在场外大声喊，"快去抢球！"为了让父母和教练满意，他也练习各种技法，硬着头皮往前冲，可每冲到人群边缘，就被害怕羁绊了脚步，然后为了迎合父母的鼓励，继续往前冲，连摔倒了也得迎合父母的指令，"男孩子不哭！"如今，他确实会打橄榄球了，但毫无喜爱之情，每次到了橄榄球训练的时候都想逃走。①

案例38.2中的孩子，一点也不想学打橄榄球，但在"虎爸""狼妈"的好心安排下，却不得不一次次带着受伤的心灵，迎合父母的意愿，强迫自己走进赛场。案例中的孩子，应该也表达过不想打橄榄球的想法，他的父母也应该看得出孩子确实是没兴趣。但遗憾的是，严格要求的父母，硬是培养了孩子不是兴趣的"兴趣"。

案例38.2给我们的启示是，给孩子报兴趣班、课外班，培养孩子的兴趣爱好，培养孩子的能力和优良品质，一定要与孩子充分沟通，照顾孩子

---

① 丁丁. 要不要送孩子上美术班［N］. 中国教育报，2017-12-20.

的合理诉求。要知道，逼迫孩子学这学那的结果是，可能在早期，他们中间有相当一部分学得很好，表现出不错的发展势头，但久而久之，这些孩子的问题就暴露出来了："知识"有了，学习兴趣没了；"聪明"有了，创造力没了；"能力"有了，潜力没了……①因此，父母们应该清醒地认识到：如果"不让孩子输在起跑线上"，带给孩子的是痛苦的体验，结出的是苦涩的、不成熟的"兴趣之果"，那也没有必要"明知山有虎，偏向虎山行"。

---

① 郁琴芳，林存华. 质疑"从娃娃抓起"[J]. 江西教育科研，2002（6）.

39. 我不想上英语课了

> 家庭教育碎碎念：
> 课外辅导班并不是父母一劳永逸的托儿所。

望子成龙、望女成凤是我们中华民族的传统文化观念。父母们总认为自己的孩子是优秀的。因为孩子的主要任务之一是好好学习。父母们这一美好的愿望集中反映在希望孩子学的比别的孩子多，比别的孩子好，比别的孩子强。因此，当很多父母听到别的孩子报了什么辅导班，上了什么课外培训课时，就开始暗暗着急，立即让自己的孩子也去上课外辅导班，而不去管孩子是不是愿意学，是不是听得懂、学得会。当然，有的孩子比较配合父母的安排，在课外辅导班、兴趣班、提高班等培训班的学习中能适应，这对父母和孩子来讲是皆大欢喜的。但是，也有的孩子并不适应高强度、超前学习的课外培训班，对去培训班上课带有抵触情绪，甚至明确提出来不想去上课了。对于这种情况，父母们应该如何来引导孩子，如何来帮助孩子在学习和健康成长中找到平衡点？下面，我们将结合案例对这一问题进行探讨。

案例 39.1　爸爸，我不想上英语课

女儿钧钧上中班了，看看周围其他家长都在到处打听别人家的孩子学了些什么课程，我也不由得开始紧张起来，害怕她"输在起跑线上"，总希望能让她多学点知识和本领，恨不得她处处都比别人的孩子强。经过一轮又一轮的比较，最终把目标确定为英语，总想着无论如何，多学一门语言总是没错的。于是我们自以为是地替她选择了一个寓教于乐、以游戏为主的英语培训班，感觉应该不会一下子给她带来太多教育压力，至多只是

提供了一个能更多接触和使用英语的语言环境。

果然，刚开始的时候，钧钧很适应培训班里的学习生活。老师的授课内容，女儿自己都能听懂和应对。每次放学之后，都会很兴奋地向我们介绍学校里的情况。这个英语培训班给我们的印象只是，另一个由外国老师带领小朋友们做做英语小游戏、唱唱跳跳学英语的"幼儿园"。于是，我们也没有过于在意她的学习情况和学习进度。

两个月后的一天下午，女儿刚走到英语培训班门口，却怎么也不愿意进教室，嘴里只是不断地说："爸爸，我不想上英语课了，我不想进去。"一边说一边嚎啕大哭起来，无论怎么问她，她都不愿告诉我们为什么。我和孩子妈妈顿时有点不知所措，看着周围来来往往人群异样的目光，我们俩都有些生气。等孩子稍稍平稳情绪后，我便和她商量："是不是需要爸爸陪你一起去呢？或者我们可以站在门外看看别的小朋友上课？"女儿仍然拼命摇头，怎么也商量不通，最终这节课只能放弃了。

回到家后，女儿的情绪显然好转很多，感觉如释重负。于是我们再次开始尝试和她沟通，慢慢地钧钧开始道出了原委。原来经过一段时间的学习，英语课程已经开始加深难度了，而由于我们之前并没有太过在意，回家后没有给女儿安排预复习，导致她开始在课堂上有些跟不上节奏，从而产生了畏难和抗拒心理。我心里顿时有些歉疚，只想着让女儿去学习，却没有教给她好的学习方法和习惯。

于是，在向女儿郑重道歉后，我向女儿保证，今后一定会在课前给她预习课程内容，回家后也会跟踪复习指导，并告诉她养成良好的学习习惯，对她将来的学习会有多大的帮助。就这样，女儿不但又恢复了往日的自信，而且还很乐于接受这样的学习方法。之后每次看到她蹦蹦跳跳地走进课堂的时候，我心中也总有些许庆幸，孩子不需要太聪明，关键在于良好习惯的培养。[①]

案例39.1中的孩子，表达了不想上英语课外班的想法。父亲给女儿报英语培训班，是为了让女儿"学点知识和本领"，不要"输在起跑线上"。一开始，课程的内容不难，授课老师也寓教于乐，孩子能够适应，也乐意去上英语课。

不过，过了两个月，孩子到了上课的教室门口，却不愿意进教室，还说"不想上英语课了"。无论父母如何安慰、劝说、商量，孩子都不配合，最后只能放弃。回家之后，父母与女儿积极沟通，较好地解决了这一问题。

分析案例39.1中父母的教育过程，大致经历三步。

第一步，了解女儿不想上英语课外班的原因。女儿不想上英语课外班这一问题已经明摆着了，要解决这个问题，必须要找准原因。案例中的父母通过沟通，了解到孩子不想学的真正原因是，学习难度增加了，孩子在课堂上跟不上进度。找准问题所在，有利于精准地指引方向，并采取积极有效的措施。

第二步，郑重地向孩子道歉。孩子学习进度跟不上，固然有孩子个人的因素，但父母也有不可推卸的责任。案例中的父母没有为此责怪孩子，而是对自己的"不作为"进行了反思，并且还特意向孩子郑重地道歉。看似简单的道歉，反映出的是为人父母的胸怀和智慧。

第三步，着手解决问题，帮助女儿养成良好的学习习惯。案例中的父母针对女儿学习上的问题，告诉女儿预习和复习的方法，并且向女儿保证"会在课前给她预习课程内容，回家后也会跟踪复习指导"，从而帮助女儿养成预习和复习的习惯，也解决了女儿不想上英语课外班的问题。

[①] 郁琴芳. 20个父亲的教育智慧[M]. 上海：华东师范大学出版社，2016.

40. 文静的姑娘最可爱

> 家庭教育碎碎念：
> 父母需要帮助孩子应对外界评价，要学会积极聆听。

孩子时时刻刻受到别人的评价。对孩子来说，正面的、积极的评价，是一种正能量，能够带来愉悦的心情。负面的、消极的评价，是一种伤害，会让孩子耿耿于怀，影响孩子的心理状态。作为父母，要尽可能从积极的方面，来挖掘孩子身上的优点，给予孩子正面的鼓励和引导，不要随意地否定孩子，指责孩子。即使是在人前自谦，也不宜故意贬低孩子；即使是想与孩子开一开玩笑，也不能口无遮拦，给孩子造成自己不被人认可的印象。这是因为很多时候，孩子是分不清楚真话与假话的。如果孩子取得好的成绩，有了好的表现，正是需要得到大人鼓励、表扬的时候，却意外地得到了轻描淡写的回应，甚至是带有负面倾向的评价，那么孩子心中是会多么的失望，多么的难受。

就算父母做到了多表扬孩子，多鼓励孩子，不随意给孩子贴标签，不给予负面的评价，却很难杜绝孩子从别的途径听到有关自己的负面评价。有的时候，孩子听到负面评价之后，会形成一种不良的自我暗示，以为自己笨，以为自己懒，以为自己不受人欢迎，进而自我认识产生偏差，甚至怀疑自己的能力。有的孩子提出一些疑问，会问父母自己是否真的傻，真的笨，真的不听话，真的让人讨厌等等。针对诸如此类的孩子话，父母应该如何回应呢？应该如何更正孩子的认知，调整孩子的情绪，指出孩子的努力方向呢？

下面，我们将结合案例，共同来探讨这一问题。

案例 40.1　我真的很笨吗？

像往常一样到接孩子放学的时间，这一天送孩子们出来的老师是数学张老师。我平时很少与张老师交谈。我特意问了她："张老师，我家的怡数学课上表现怎样？"

张老师停顿了一会："怡呀，上课是很安静，也不举手发言，平时测验下来发现一些动脑筋的题目就不会了，感觉上课有点'呆'，你回去要好好和孩子做做思想工作。"

就在这时候，我观察到一旁的女儿听到了老师对自己的评价是这样不好，很害羞地把头低得很低。就这样和老师客气一番后，我带着怡回家了。

回到家，我一直思索不定，很纠结，在我心里那么可爱、那么温顺好学的女儿，在老师眼里竟然是"呆"！这一夜，我彻夜难眠。

第二天，我照样那个时间去接孩子放学，我知道今天遇到的肯定不是数学老师，让我意外的是看到了班主任刘老师，名字我还记忆犹新。我迫不及待地把昨天我遇到的事情对刘老师说了。

刘老师很淡然地会心一笑："您的担心我非常理解，不过您也不要着急，我并不觉得这是不好的事，我倒是觉得这正是怡的优点，文静。回家你多鼓励她，可以的，我相信这孩子。"

听了刘老师的话后我心里满是高兴，语文老师就是会说话，同样的事情，不同的表达可以有不同的意思，并且给我和孩子信心。其实，孩子在一旁也听进去刘老师说的话了，看得出来孩子很开心。

回到家，怡照常写着作业，过一会，怡问我："妈，我真的很笨吗？"

"不会的，怎么会呢！刘老师不是说了吗？这个正是你的优点呢！"

"哦，这样也算是优点啊！"

"当然，那你有发现文静的姑娘最可爱了吗？"我就找来一旁的芭比娃娃，那个时候孩子最喜欢的玩具就是芭比娃娃了："你看，芭比娃娃，每天都很安静，但是她的眼睛会发光，身体会有语言。如果你上课再积极主动一点的话，就更优秀了！"

我这样的比喻当时只有一个目的，就是鼓励孩子能够意识到自己的能力，并有信心去慢慢改变自己。看得出来孩子的眼睛在发光，有内容，就是还表达不出来。

为此我还经常带着孩子去参加一些学校的课外活动。由于我的积极，我还被选为家长代表，就这样孩子也从默默的文静，到后来的积极主动。

接下来的学习生活中，老师说怡像变了一个人，后来还当了班上的生活委员呢！[1]

案例 40.1 中，母亲特意问数学张老师，了解孩子在课堂上的表现。数学老师说孩子上课很安静，静得有点"呆"，还建议母亲回家后做思想工作。老师的评价，被待在旁边的女儿听到了，心里估计很不是滋味，表现出来的是"很害羞地把头低得很低"。针对数学老师的评价和女儿的反应，母亲决定采取一定的措施，来消除负面评价对女儿的消极影响。

第一，问语文老师对孩子的印象。

案例中的母亲听了数学老师的话，回到家后还想个不停，心里很是纠结，很不认同对女儿"呆"的评价。于是，在第二天放学接孩子的时候，又迫不及待地向班主任刘老师倾诉，想听一听刘老师对此事的看法。果然，刘老师对女儿的文静有不同的看法，认为这正是孩子的优点，并且建议母亲回家多鼓励孩子，让孩子更主动更积极。

同样的特点，身为语文老师的班主任，对孩子的评价就比较积极，提出的建议也比较中肯，让听了对话的孩子露出了微笑。应该说，母亲在这

---

[1] 龙美莲. 阳光引导自信成长——2016 中国新父母年度人物提名奖获得者龙美莲亲子成长自述 [J]. 教育，2016（52）.

件事上下了一步好棋。虽说不见得能完全消除数学老师负面评价的影响，但至少调整了孩子的情绪，也增加了母亲和孩子的信心。

第二，肯定孩子的文静是个优点。

不同老师的不同评价，让孩子感到了困惑，孩子对自我的认知，有点找不到方向，甚至开始怀疑自己是不是真的很笨。在家里做作业的时候，孩子把这个问题抛给了母亲。母亲当然不会承认女儿笨，她的回应是告诉女儿并不笨，肯定女儿的文静是优点，而且还用刘老师的话来加强说服力。不过，女儿还是有一点怀疑，继续向母亲提出自己的疑问。母亲知道，简单地、重复地说，即便是肯定的话，如果讲不出其中的道理，也难以打消孩子的顾虑。

于是，母亲把文静的优点进行剖析，提出了"文静的姑娘最可爱"。为了证明这一观点，母亲拿出了孩子最喜欢的玩具——芭比娃娃。母亲的理由是，芭比娃娃每天都很安静，但她自有其可爱之处，即"眼睛会发光，身体会有语言"。在论证"文静的姑娘最可爱"之后，母亲还对女儿提出要求，希望她"上课再积极主动一点"，因为这样会变得更加优秀。看得出，母亲对于女儿困惑的回应，动了一点脑筋，费了一些心思。

第三，经常带孩子参加课外活动。

母亲知道，言语上给予孩子肯定的答复，能够增加孩子的自信心，但说到底，行为的改变，才是最终的目标，才是真正的治标又治本之举。针对孩子有想法却表达不出来的情况，母亲决定带孩子参加学校的课外活动。不是偶尔带孩子参加，而是经常带孩子参加学校的课外活动。这需要长期的投入和更多的付出，坚持下来并不容易。天道酬勤，母亲的努力，得到了回报，孩子的性格发生了蜕变，变得积极主动，后来还当选为班上的生活委员。

总之，案例中的母亲积极地回应了孩子的疑问，不仅从思想上打消了孩子的顾虑，还以实际行动来帮助孩子改变不爱说话的特点。母亲采取了正确的问题解决方法，并且能够做到付诸行动上的支持，对改变孩子的不足，起到了有力的推动作用。

41. 不要给妈妈帮倒忙

> 家庭教育碎碎念：
>
> 在人的生活中最主要的是劳动训练。没有劳动就不可能有正常人的生活。——卢梭

"中国式父母"常常以爱的名义，剥夺孩子从小做家务的权利。即便孩子饶有兴趣地提出要帮父母做一些力所能及的家务，父母也常回之以"你只要把学习搞好""你做不好家务""不要帮倒忙"。孩子从小做些家务，长大参与家庭事务的处理，对于其成长来说是颇为有益的。孩子从小不做家务，长大以后生活自理能力较差，对孩子的成长发展是有害的。有很多的故事、案例，可以证明这一点。比如，本书第 11 个细节"自己事情自己来做"中引用的故事，以及第 12 个细节"放手让孩子做任务"中引用的案例等等。

因而，对于孩子积极要求做家务活的申请，父母应该欣然地表示支持，要为孩子提供尝试的机会，让他们体验劳动的辛苦与快乐。

案例 41.1　孩子要帮忙做家务

晚饭过后，牛牛兴致勃勃地准备帮妈妈收拾碗筷，妈妈急忙阻止了他："还是妈妈来吧，你把碗打碎了，不是给妈妈帮倒忙吗？"

牛牛有些失望，心想：老师说了自己的事情要自己做，我可以自己洗袜子。因为够不到水龙头，小家伙搬来了小椅子，准备站在椅子上接水。

这时妈妈从厨房过来了，看到儿子的举动，大声说："牛牛，你不要给妈妈帮倒忙了，袜子洗不干净，衣服全弄湿了，妈妈还得给你洗衣服……"边说边从牛牛手里拿走了他的脏袜子。小家伙一脸不高兴地走

开了。

过了一会儿，妈妈觉得自己的做法让儿子不高兴了，于是，拿着洗好的袜子说："牛牛，你来帮妈妈晒袜子吧！这个你能帮妈妈，等你长大了能洗袜子了再自己洗……"牛牛一听可以自己晒袜子，高兴地跑去把自己的袜子挂在了晾衣架上。[①]

案例41.1中，牛牛兴致勃勃地要求帮妈妈做家务，妈妈不仅没有表扬他，为他提供锻炼的机会，反而用"帮倒忙"来打击牛牛的积极性。好在后来让牛牛帮忙晒袜子，给了他一个表现的机会。针对案例中母亲的行为细节，试分析如下。

第一，阻止孩子收拾碗筷。

牛牛在吃完晚饭之后，不用妈妈招呼，就主动帮妈妈收拾碗筷。妈妈看到后，第一反应是急忙阻止。理由是如果让牛牛收拾碗筷，有可能会把碗打碎。妈妈有这个担心，估计是牛牛的年龄比较小。在她看来，牛牛动作还不利索，让他帮忙收碗筷，岂不是越帮越忙？应该说，妈妈的担心不无道理。但即便如此，也不能想都不想，就给牛牛主动做家务泼冷水。

第二，阻止孩子洗袜子。

妈妈的第一次阻止让牛牛感到失望，不过，并没有完全打消牛牛的积极性。牛牛还是想做一点力所能及的事情。这一次，牛牛决定自己洗袜子，来响应老师"自己的事情自己做"的号召。说干就干的牛牛，搬来了小椅子，准备站上去接水。这一幕被妈妈看到后，又阻止了牛牛。妈妈再次用"不要给妈妈帮倒忙"来批评牛牛的行为，致使"小家伙一脸不高兴"。虽然妈妈说的"袜子洗不干净，衣服全弄湿了"，并不是无中生有，但是，牛牛的出发点并没有错，他的行为应该得到鼓励。

[①] 齐美山.《指南》视野下家庭教养方式与孩子个体成长的案例分析[J]. 山西教育，2014（10）.

第三，让孩子帮晒袜子。

两次阻止牛牛的行动之后，妈妈意识到自己的做法有点过了，让儿子感到不高兴了。想了一下，她还是决定让儿子帮忙做点事情，做点能够做得好的事情。于是，妈妈请牛牛帮晒袜子。而且，还提出等牛牛长大后，再让他自己洗袜子。这么说，实际上解释了为什么刚才阻止牛牛洗袜子。妈妈的"亡羊补牢"，正合牛牛的心意。牛牛听到有事可以做，高兴地跑过去晾袜子。可见，孩子的要求不高，仅仅是把袜子挂在了衣架上，也能高兴一阵子。

总的来说，案例中的妈妈对于孩子主动做家务，前两次的回应并不可取。"给妈妈帮倒忙"的说法，出发点似乎是为了自己考虑，是为了减少自己在育儿中的投入。这种说法，也隐含对孩子行为的批评，是对孩子积极要求做家务的反对，是对孩子能力的不信任。

其实，即使父母不看好孩子做家务的能力，也可以让孩子姑且试一试。放手让孩子去尝试，不说孩子在劳动过程中得到锻炼，即便让孩子感受失败的教训，受到一点挫折，也是一种不错的成长经历。再说，父母可以在旁边指导，在适当的时候，介入其中，与孩子一起做家务。这难道不是一种值得推荐的亲子活动吗？何乐而不为呢！

相关链接 41.1　孩子与我一起做饭

每周末，女儿都会帮我烧一顿饭。以前我也就是让她帮我。现在我把这一简单问题复杂化，有意识地跟她讨论一下都做些什么，做每样事情，如煮米饭、择菜、洗菜、炒菜、烧汤等，需要的大概时间、先后顺序，两个人该怎样分工配合，又怎样安排先后顺序可以用时较少等。她提出一个建议，我们一起讨论其中的优点和缺点，再让她提出改进意见。然后，我们一起来做，验证是否与设想一致。这一过程留给她一些思考的空间，既培养了她独立思考问题的能力，同时也渗透了统筹的思想。①

相关链接41.1中，孩子每周末帮家长做饭。一开始，家长只是让孩子干一些"不动脑筋"的体力活，比如"择择菜""洗洗碗"等。后来，家长把孩子参与的家务活动"升了级"，把"简单问题复杂化"，即有意识地与孩子讨论做饭的相关安排，包括对"煮米饭、择菜、洗菜、炒菜、烧汤等"项目时间的估算，如何来安排次序，如何来分工。通过家长有意识的安排、引导，既让孩子参与了家务劳动，提高了生活自理能力，又培养了孩子的思维能力，可谓是一举两得。

---

① 该材料由上海理工大学附属中学学生家长张丽华撰写。

42. 孩子受欺负时忍让[①]

> 家庭教育碎碎念：
> 父母要教育孩子理解善良的真义，提倡有限度的忍让。

在孩子遇到争执的时候，不少父母总是教育孩子"退一步海阔天空"，或者是"忍一忍，让一让，事情就过去了"。忍让有时穿着善良的外衣，是谦让的同义词，是宽容、大度、有修养的表现。忍一忍，不争一时长短，对大多孩子来讲，这也没有什么不对，甚至在很多情境下，这正是需要大力提倡的一种行为。但是，凡事过犹不及，让孩子忍让亦是如此。忍过头了，就是一种懦弱，是一种自我伤害。有的时候，父母与其看着孩子忍得难受，忍得心疼，不如让孩子明白，忍无可忍时，也有必要采取行动，维护自己的合法权益。

案例 42.1 彷徨母亲：善良的困扰

女儿糖糖 6 岁，聪明伶俐、热情而善良，不过每每说起她的善良，妈妈心里总不是滋味。在女儿小的时候，妈妈要求她有礼貌，懂谦让，但却忽略了教她如何保护自己。女儿一直以来都是别人眼中的乖孩子，个个都夸她："这孩子心地真好。"可妈妈觉得这都是女儿用谦让换来的，这种看似称赞的话，让妈妈为女儿的忍让心疼不已。妈妈认为，可能是自己不算开朗的性格，影响了女儿的为人处世。

情境一：

[①] 本部分在拙作《善良与忍让》的基础上，进行了改写。想进一步了解原作的读者，可查阅：郁琴芳，林存华. 善良与忍让[EB/OL]. http://www.xzbu.com/6/view-2185385.htm.

当别人动手打糖糖时，她既不跑也不还手，只是愣愣地看着别人。而且碍于大人之间的情面，妈妈也只好违心地说"没关系"之类的话。有时妈妈也会气恼地对糖糖说："他打你，你也可以打他。"可糖糖可怜兮兮地望着生气的妈妈说："那他妈妈就不高兴了。"女儿的话让妈妈感到心酸。

情境二：

糖糖和伙伴们一起玩扔沙包的游戏，沙包扔到别的孩子，那些孩子不愿意遵守游戏规则主动下场，眼看游戏就要不欢而散，糖糖为了游戏能继续玩下去，主动提出自己出场。其他孩子这才收起噘得老高的嘴，继续玩游戏。妈妈提醒女儿："他们输了该他们下场才对啊，你怎么下场了呢？"糖糖却安慰妈妈："不要紧的。"

情境三：

当糖糖第一次伸手想打别人时，妈妈说"弟弟小，你要让让他"，或者说"哥哥大些，你要跟哥哥友好"。假如小朋友来家里玩，要搭糖糖的积木，她不肯给的时候，妈妈就说："她是客人，让她玩吧！"

女儿就问妈妈："妈妈，为什么弟弟小，要我让；哥哥比我大，他却不让我呢？"妈妈不知如何回答，只好说："因为你最懂事。"

妈妈开始反省，原先对糖糖的教育是不是错了？过多地干涉，使得孩子无法独立处理问题。原本妈妈是希望孩子有礼貌、有修养，可女儿糖糖如此消极对待，不争取自己的利益，如何应对今后激烈的社会竞争呢？

案例42.1中的糖糖，过于忍让，被别人打，愣着不还手；与小伙伴玩游戏，别人违规不退场，她为了"维护大局"，主动出场。我们不能说小女孩糖糖不善良，但同时也要看到，她的做法也存在一点问题。小女孩在忍让的尺度上似乎有点过头。即使出于善良的本义，如果无原则地一味忍让，也会产生一些消极的后果。

糖糖的行为与性格，与母亲的教育不无关系。母亲看到女儿的表现，与自己教育孩子谦让、善良的预期出入太大。对此，她开始了反省，甚至还有些彷徨，有些迷茫。母亲或许在想，究竟孩子的行为是善良，还是懦弱？这样忍让会给孩子幼小的心灵留下什么？我们该如何让孩子在这个激烈的社会中善良起来呢？

彷徨的母亲不理解女儿，而女儿似乎也不理解母亲。其实，两人的分歧缘于她们对"忍让"有着不同的理解。我们要想解决这一分歧，先要明辨"忍让"到底意味着什么。我们都知道，忍让是人们处理日常生活事件的一种常用方式。但同样是"忍让"，在不同的情境、不同的场合下，却有着不同的含义。

下面，我们再结合一些案例，来深入地探讨如何教育孩子"忍让"这一行为细节。

第一，忍让有时是善良、宽容的表现，是一种朴素的修养和美德。

当长者宽容、忍让幼者成长过程中无礼冒犯的时候，当强者对弱者的过失宽大为怀的时候，当有理者对无理者一时的挑衅置之一笑的时候，当教者为学者的错误和特立独行提供一个宽阔空间的时候，我们能说他们的忍让，不是一种大度的品性，不是一种别样的善良吗？这种修养和美德不是高不可攀的，有时就是人的善良本性的自然流露。

案例 42.2　不开心的敏敏

这两天，敏敏不大开心，因为最疼她的爷爷生病了。爷爷不仅不能给敏敏讲笑话，也能不带她出去玩，更不会凡事"让"着她了。有时，爷爷不肯吃药，还乱发脾气，真讨厌！可爸爸妈妈跟敏敏说，爷爷年纪大了，做小孩的一定要关心体谅长辈，让让他。爸爸妈妈就建议大家轮流陪爷爷，给他讲每天发生的趣事，或者讲故事。

案例 42.2 给我们的启示是，父母可以从身边的亲人开始，教育孩子要尊敬长辈，礼让长者，从小培养孩子的"忍让精神"。因为，在这种特定的情境下，忍让是一种朴素的修养和美德。

第二，忍让有时是避免冲突升级的有效方法，是维系交往双方关系的一种必要代价，同时也可以说是一种自我保护的策略。

在人与人的交往中，在孩子与孩子的游戏中，总难免有矛盾、冲突。面对这些矛盾与冲突，我们是否应该教育孩子保持清醒的头脑，在事态进一步扩大与恶化之前退一步、忍一下？当然，在冲突的过程中，单方面的忍让，可能会给孩子带来一些物质上的损失，或面子上的难堪，但从另一角度来考虑，如果冲突的双方都不依不饶，那么即便让对方尝到了厉害，孩子又何尝不是受到更大的损失？现实生活中，因为小事的摩擦、冲突而闹得不愉快的事情还少吗？

案例 42.3　弟弟的谦让

团团和圆圆是一对性格迥异的双胞胎，圆圆凡事都非常忍让，对人很友好，从不抢别人的玩具，别人抢他的，他也会让给别人，自己再去玩其他的。而团团相对而言"霸道"多了，不仅活泼好动，而且总喜欢抢这抢那。一次，团团跟小朋友一起玩的时候，看中了丁丁手里的一辆回力车。正在争执不休的时候，弟弟圆圆出现了，他拿着红色的小赛车，可神气了！丁丁看到了，想要圆圆的赛车了。圆圆二话不说，就把小赛车让给了丁丁。于是，大家又继续玩起来，弟弟圆圆这个和事佬，及时阻止了一场"战争"的爆发。

案例 42.3 中，哥哥团团与小朋友丁丁发生了矛盾，原因是团团看中丁丁手中的回力车，想占为己有。在双方争执不下的情况下，弟弟圆圆拿着红色的小赛车，吸引了丁丁的注意力。丁丁想要圆圆的赛车，圆圆大度地谦让。得到小赛车的丁丁，不再与团团争回力车了。从中，我们看到团团的无礼争抢，丁丁的维权行为，以及圆圆的巧妙礼让。团团只抢不让，应该对他进行批评教育；圆圆友好谦让，避免了团团与丁丁的矛盾升级，应该对他表扬鼓励。至于丁丁的行为，需要考虑不同情境，区别对待。

第三，忍让有的时候也是对恶言恶行的纵容，是一种姑息养奸的做法。

许多人都曾这样想过：要是每个人在处事的时候都忍让一些，那么我们的社会就会相当和谐，我们的世界也将非常美好。而事实上，要求每个人在该忍让的时候做到忍让是不现实的，而且，趁着别人忍让，却伺机恶意占便宜的人也屡见不鲜。所以说，出于良好的愿望而一味地忍让他人是不明智的。不分情形的、无谓的忍让通常收不到良好的效果，而只会让小人得志，让不文明的现象大行其道。

在家庭教育中，父母应该让孩子明白，忍让也是看对谁忍让，对什么事忍让。对于恶言恶行，则无须忍让。对于恃强凌弱的行为，在做好自我保护的前提下，也应该站出来维护正义，而不是退缩在一旁，做无原则的忍让。

案例 42.4　位置不是让给你的

东东和妈妈坐在公交车上，看见一位老奶奶颤巍巍地上了车。想到妈妈教育过要礼让，东东主动站了起来，准备把自己的位子让给老奶奶坐。妈妈给东东投去了赞许的目光。可没想到，旁边的一位年轻叔叔却捷足先登，抢占了那个位子，东东委屈地看着妈妈。在妈妈的鼓励下，东东主动向叔叔提出，自己是让座给老奶奶而不是他，请他将座位让给老奶奶。东东说得振振有词，那位叔叔只好羞愧地把座位让了出来。

案例 42.4 中，东东在公交车上乘坐，看到一位行动不便的老奶奶，主动站起来，让出自己的位置。谁知，东东的善良之举，被旁边的一个无良青年占了便宜。对于此情此景，妈妈鼓励孩子无须委屈地忍让，而是要勇敢地站出来，与不良行动作斗争。东东也不负所望，义正词严地与男青年交涉，让那个男青年羞愧地让出了座位。

前文已经从正反两方面剖析了忍让的作用,也结合案例探讨了不同情境下,父母该如何教育孩子是否要忍让,该如何来忍让。如果要做一些归纳总结的话,我们的意见是:父母要教育孩子理解善良的真义,提倡有限度的忍让。

第一,教育孩子什么是真正的善良。

作为父母,一方面要积极肯定孩子的善举,而更为重要的是,能够引导孩子理解什么是真正的善良,让孩子在为他人着想的同时不光是一味忍让。因为善良不等于懦弱,而且,要让孩子明白,做一个好人,仅有善良是不够的。

《东郭先生》的寓言故事中,东郭先生难道不善良吗?可他差点被那条他救的狼吃掉。《农夫与蛇》的寓言故事里,农夫难道不善良吗?可他也差点被他救的蛇伤害。在现实生活中,相似的例子并不少见。善良也不是无原则地忍让。当孩子的利益受到无端侵害时,父母可以引导孩子用其人格力量去感化别人,使侵害的一方认识到自己的错误并作出道歉和相关的补救,以此来抚平孩子受伤的心灵。

第二,创设情境,提高孩子的辨别力。

父母可以有意识地给孩子展现有关忍让的不同情境。这些情境可以是假设的,更多的应该是父母在日常生活中捕捉到的。父母要用发现的眼睛、发掘的意识,捕捉一些稍纵即逝的瞬间,有意识地给孩子点明情境的特点。

待孩子对不同情境的特点有了感性认识后,帮助孩子对比不同情境下的忍让行为,以及由此带来的可能结果,让孩子通过自己的分析和判断,逐渐地懂得善良,学会忍让,尤其是要学会有限度的忍让。

第三,帮助孩子学会拒绝过度的忍让。

适度的忍让是大度,是宽容。忍让不同于退缩,不是学做埋头的驼鸟。无原则、一味的忍让，则是懦弱与无能。

父母要让孩子明白，有时无谓的忍让本身，就是对规则的破坏，虽然自己吃了亏，却不见得达到了杜绝恶行的效果。

父母要帮助孩子确立这么一种信念："有时候挺身而起，奋力反抗的效果更好，得寸进尺是恶人常用的计策，一再忍让反而助长其嚣张气焰。该出手时就出手，给点厉害瞧瞧也是不得已而为之！"

如果你的孩子做到了这一点，那么，他不但能让自己走出受欺负的困境，而且还可能帮助一个即将犯更大错误的人。孩子应该勇敢地制止那些恶行，而不是将自己的善良之举，默默变成他人的私利。

43. 孩子保护自己的玩具

> 家庭教育碎碎念：
>
> 对于儿童私有物，分享应该是孩子自愿的行为，父母尤其需要尊重孩子的意愿。

送人玫瑰，手有余香。愿意与人分享，是良好修养的体现，于个人而言，也是一种优秀的品质。善于分享的人，是受欢迎的人。懂得分享的孩子，是人们眼中的乖孩子、好孩子。父母也会时常教育孩子，不要"小气"，要大方地把自己的一些东西，跟大家一起分享。

假如家里来了小朋友，父母一般会要求孩子拿出玩具，与来做客的小伙伴一起玩，一起分享玩玩具的快乐。这种做法，大体上是值得倡导的。当然，父母也应该注意到，分享应该是孩子自愿的行为，父母应该尊重孩子的意愿。对于不愿分享的孩子，可以引导，而不能强迫。

在现实生活中，愿意分享玩具的孩子，也可能会遇到特殊的情况。比如，家里来了有破坏欲的"熊孩子"，不珍惜他人心爱的玩具，破坏性地玩别人玩具，孩子可能会默默忍受，也可能会奋起反击。面对这种情况，父母们应该如何来引导？下面，我们结合案例，围绕分享与拒绝这一话题，来探讨有关的父母教育行为细节。

案例 43.1 保护自己玩具的孩子

侄儿看到玲姨的孙子到家陪自己玩，高兴坏了，不等妈妈吩咐，早就把自己心爱的玩具都拿出来和他分享。

玲姨的孙子是一个被宠坏了的"熊孩子"。"熊孩子"首先捏住"熊二"玩偶的一只腿，拿它使劲地捶打客厅的沙发，很快"熊二"的脚就断了。接着,"熊孩子"又用脚猛踢侄儿的"不倒翁"。他一溜烟又开起侄儿的白色小汽车,加足马力,撞向墙壁。

眼看自己的小汽车要遭殃了,小半岁的侄儿冲过去拦住了"熊孩子",和他争抢小汽车。没两下,"熊孩子"就一把把他推倒在地。侄儿被推倒在地,再也忍不住自己委屈的泪水,"哇哇"大哭起来。

听到孩子哭,玲姨跑过来朝孙子一顿狂吼,可是"熊孩子"依然霸占着小汽车,纹丝不动。无奈,她只好开始低声下气对侄儿说好话,"你让给哥哥玩一下吧。哥哥等下走了,你想玩多久就玩多久。小孩子要乖,要懂礼貌,懂分享,这样别人才会喜欢你噢。"

侄儿毫不犹豫地回绝,"不好,小汽车本来就是我的!"

……

侄儿通过自己的努力,保护了自己的玩具,他非常高兴地把玩具放回原位,整整齐齐地码好,该放回箱子的放回箱子。

玲姨看到侄儿的举动,轻蔑地嘲笑道:"哟哟哟,这小家伙可真自私,生怕别人玩他的玩具,还藏起来,这要是长大了那还得了!"然后她话锋一转,对表嫂说:"你可要好好培养一下他的分享精神,这小时候要是没有教育好,长大就很难纠正了。"

侄儿被玲姨骂成自私,有点委屈,他眼巴巴看着自己的妈妈。表嫂看了一眼侄儿,她知道此时一定要站到儿子这边。

她对玲姨说:"我不认为我的孩子没有分享精神,反而我认为他很有分享精神,您的孙子一来,他马上就把自己的玩具拿出来和他分享,可是您的孙子有点捣蛋,于是他不再分享,而是想保护自己的玩具。现在所有的幼儿园都在倡导培养孩子的'物权主义',我认为我的孩子既有分享精神,也有'物权主义',我觉得他做得很好,我为他感到骄傲。"①

案例43.1中,侄儿是一个懂得分享的孩子,主动把自己的玩具拿出来与小伙伴一起玩。但他遇到的是一个不按常理出牌的"熊孩子",不但以自我为中心,不尊重他人,还破坏他人的玩具。侄儿为了保护自己的玩具,进行了一番"斗争",不过,却被"熊孩子"的奶奶说成是"自私",好在妈妈站在了侄儿一边。

案例虽短,却包含着不少的信息。对于案例中一些能够反映家庭教育的细节之处,试分析如下。

第一,"熊孩子"破坏小朋友家的玩具。

案例中的"熊孩子"到亲戚家做客,却没有一点做客的样子,玩起小伙伴的玩具,一点也不珍惜,一点儿也不爱护。他玩玩具的方式是"暴力性""破坏性"地玩,先是玩坏了"熊二"玩偶,接着脚猛踢"不倒翁",不一会儿又上演小汽车撞墙的戏码。而且,在小伙伴阻止他的破坏行为时,不仅不收敛自己的"过分"行为,反而与小伙伴发生冲突,凭着自己年长力气大,还一把推倒了小伙伴。

"熊孩子"的行为令人反感。有的网友称"熊孩子"为"世上最可怕的生物",或"世上最危险的生物"。尽管"熊孩子"的行为,出自于好奇、好动、顽皮、以自我为中心等一些"天性",但如果没有家长的默许、放纵,没有家长的推波助澜,孩子也"熊"不到哪儿去。用一句流行的话说,每一个"熊孩子"背后都有一个"熊家长"。所以,家有"熊孩子"的家长,尤其是父母,都应该反省自己的行为,有没有暗暗"造就"了一个"熊孩子",有没有加剧了"熊孩子"的"兴风作浪"?

第二,侄儿从分享到保护自己的玩具。

---

① 节桌子. 孩子被骂自私,遇到这种亲戚,我只能绝交了……[EB/OL]. http://wemedia.ifeng.com/8036813/wemedia.shtml.

案例中的侄儿是一个具有分享精神的乖孩子，他不等妈妈吩咐，就早早地把自己心爱的玩具拿出来，毫无保留地分享给小伙伴，好跟小伙伴一起玩。但看到他一而再，再而三地破坏自己的玩具，侄儿的态度发生了明显的变化，即从分享玩具到保护玩具。在人高马大的"熊孩子"面前，侄儿没有退缩，没有懦弱地自叹自怜，而是勇敢地站出来，阻止"熊孩子"进一步的破坏。

侄儿不仅通过阻止"熊孩子"的破坏，保护了自己心爱的玩具，而且为了保护玩具，在"熊孩子"奶奶的劝说下，还是丝毫不让步。应该说，无论是侄儿的分享玩具的行为，还是保护玩具的行为，都是合情合理的，是值得肯定的。把玩具分享出去之后，玩具的所有权还是孩子的，孩子对玩具还是有发言权、支配权的。面对"熊孩子"的破坏玩具之举，孩子的保护行为也是正常的表现。

当然，有人可能会说，侄儿如果通知大人，让家长来处理遇到的问题，避免直接与"熊孩子"发生冲突，也能更好地保护自己，还能够有助于让大事化小、小事化了。这虽说是一个好想法，但对小孩子来说要求却是苛刻了一点。

第三，"熊孩子"奶奶说侄儿不愿分享。

当"熊孩子"的奶奶听到侄儿拒绝自己的"循循善诱"，看到侄儿高兴地整理、收拾玩具之后，说了一些有失水准和身份的话。一方面，她嘲笑侄儿保护玩具的行为，是"自私"的行为，是没有分享精神的表现。另一方面，她对孩子的妈妈提出"教育孩子"的要求。

"熊孩子"奶奶一番话，折射出她关于孩子分享的理念是：其一，愿意分享玩具的小孩，长大后一定有出息。不管这种分享是孩子自愿的，还是被迫的；其二，大人无需尊重孩子的意愿和想法，就可以要求、强迫孩子分享；其三，大人要求孩子分享，孩子必须分享，否则就应该教育批评，可以呵斥责骂，甚至拳脚相加，直到孩子屈服为止。

"熊孩子"奶奶的观念，或许还有一定的市场。但审慎地思考一下，不难发现这种理念若付诸实践，必定无视孩子的需求，伤害孩子的情感，扭曲孩子的心灵。最后，要么让孩子变得懦弱，变得没有主见，变得自我封闭，成为大人眼中的"乖孩子"，要么让孩子在谩骂中学会无礼，在暴力中学会暴力，成为人人退避三舍的"熊孩子"。

第四，侄儿妈妈支持孩子保护玩具。

"熊孩子"奶奶的指责让侄儿感到了委屈，这时候他需要得到妈妈的支持。面对"熊孩子"奶奶"教育孩子"的建议，侄儿妈妈也需要作出回应。妈妈的回应没有去迎合"玲姨"，没有为了照顾大人的面子，去教育批评孩子。她对儿子的行为充分肯定，反驳了孩子没有分享精神的说法，指出孩子一开始是愿意分享玩具的，从分享到不分享的转变，原因出在"熊孩子"的捣蛋上。至于孩子保护玩具的行为，妈妈的解释不是孩子自私，而是孩子萌发了的"物权主义"意识，也即孩子处在"物权敏感期"。对于"物权敏感期"的孩子，保护自己的玩具不被他人破坏，是不应该被苛责的。

总之，妈妈不仅及时肯定、表扬了孩子的合理行为，而且，她还不盲目地相信他人的说法，即使冒着"得罪"他人的风险，也不逼迫孩子做违心的事情。面对孩子委屈的样子，她积极地维护自己的孩子，保护孩子敏感的内心。一句话，妈妈的回应遵从内心的想法，尊重孩子的感受，比较好地处理了孩子保护玩具的"风波"。

44. 我的孩子从小就很乖

> 家庭教育碎碎念：
> "乖孩子"不应该成为父母心中的教育目标，不能把"乖孩子"等同于"好孩子"。

有一个乖孩子是很多父母的梦想。"宝宝乖""孩子乖"成了不少父母口中的高频率词语。乖巧的好孩子谁人不喜欢？孩子自觉，父母省事。孩子懂规矩，父母少操心。但问题在于，不少父母对乖孩子的评判有失偏颇，他们把听父母的话，不讨人嫌、惹人厌作为评价标准。而且，他们还把"乖孩子"等同于"好孩子"。然则，"差之毫厘，谬以千里"。乖孩子与好孩子虽仅一字之差，但两者却不可同日而语。

换句话说，很多父母眼中的"乖孩子"，并不是真正意义上的"好孩子"。他们乖是乖了，但没有自己的主见，对父母的意见盲从，过于依靠父母替自己拿主意。他们也许是温室里的花朵，经不起大自然的风雨；他们的内心世界，或许是不合群的羔羊，孤独又茫然。一旦离开父母的怀抱，独立处理与他人的关系，独立完成手中的任务，独立解决遇到的问题，"乖孩子"往往变得无所适从，分分钟被打回原形，有的甚至蜕变成不受欢迎的"问题孩子"。

案例 44.1 爸妈眼中的"乖孩子"

冬冬是一个探索欲望很强烈的孩子，对很多新事物都充满了好奇心。有一年冬天，冬冬的爸爸买回来一缸金鱼，小鱼儿在水里游来游去，吐泡泡的样子特别可爱，冬冬只要有时间，就捧着小脸蛋趴在鱼缸旁边看金鱼。有一天，外面的天气特别冷，地上铺了一层厚厚的冰。冬冬看到小鱼在水里一动不动,他伸出小手指试了一下水温,呀,水特别凉!冬冬害怕小鱼冻坏了,把一壶热水倒进了鱼缸,可是,鱼缸里并没有出现他期望的小鱼欢快游动的样子,反而肚皮朝上死掉了。冬冬爸爸回家,看到自己心爱的小鱼翻着肚皮死掉了,气急败坏地把冬冬揍了一顿,告诫冬冬以后不经允许不能随便碰东西。从此,冬冬再也不敢随便碰东西,变成了一个爸爸妈妈喜欢的"乖孩子"。

现在冬冬长大了,成了一个高高大大的初中生,在一群欢快活泼的同学当中,冬冬显得有些格格不入。他整天蒙着头坐在自己的座位上,同学邀请他踢球他不去,同学邀请他交流游戏经验,他一脸茫然。冬冬只知道蒙着头学习,同学们都说他是个书呆子。冬冬没有伙伴,也少有朋友,学习成绩一直不温不火。爸爸妈妈很着急:我的孩子从小都很乖,现在这是怎么了?[1]

案例44.1中,冬冬无疑是一个父母心目中的乖孩子。在家庭生活中,冬冬不乱碰东西,不捣乱,也不用操什么心,但一到学校,冬冬秒变成为一个不合群的孩子。问题到底出在什么地方?到底谁应该给冬冬的"格格不入"买单?阅读案例,不难发现,冬冬的问题出在家庭,其父母的教育方式存在缺陷。

面对冬冬这个存在问题的乖孩子,我们要诘问的是,冬冬是怎么成为一个乖孩子的?我们是否需要这样的乖孩子?

对于第一个问题,我们从案例中看到,冬冬小时候也是一个有求知欲、充满好奇心的孩子。冬冬性格发生转变的关键事件,在于给鱼缸的水倒热水,并造成金鱼的死亡。从结果来看,冬冬的确是犯了错误,弄死了父亲心爱的金鱼。若从冬冬的动机来分析,他的出发点是好的——当他发

---

[1] 孙建国. 乖孩子不等于好孩子 [N]. 中国教育报, 2018-01-04.

现鱼缸里的水特别凉时，决定给水加热，避免鱼被冻坏。只是，他错误地估计了鱼的抗冷能力，同时用错了给水升温的方法。当看到心爱的鱼死掉以后，冬冬爸爸的回应方式是，不分青红皂白，简单地揍了冬冬一顿，并告诫冬冬"以后不经允许不能随便碰东西"。冬冬受了这次教训，倒真的变成了父母喜欢的乖孩子。

对于第二个问题，答案也不证自明。被贴上乖孩子标签的冬冬，固然在家里让父母省心，但在学校的表现却有不少令人诟病之处。比如，不爱运动，没有兴趣。无论同学邀请他踢球，还是与他交流游戏经验，冬冬都无动于衷。又如，只知蒙头学习，不懂交友。冬冬不知如何与小伙伴交流，也缺少朋友，只知道整天闷坐在座位上，蒙着头学习。而且，学习成绩也乏善可陈。冬冬差强人意的表现，根源在于他在家庭中被管得太死，估计几乎没有踢球的体验和玩游戏的自由。更为严重的是，家庭生活也没有培养他与人交往的基本能力。

可以说，案例44.1中的冬冬成也乖孩子，败也乖孩子。他的故事说明乖孩子未必可取。不过，在现实生活中，很多父母仍把乖孩子当成教育的目标，把"听话"当成了衡量乖孩子的标准。令人意想不到的是，听话的乖孩子，有时成了容易"受伤"的可怜孩子。

案例44.2 听话的孩子却"受伤"

那是伊伊上小班的时候，一天回到家里，外婆心疼地告诉我，伊伊在幼儿园尿裤子了，穿了一天的湿裤子，等她去接的时候，裤子都半干了。我问伊伊为什么不报告老师要上厕所呢？伊伊告诉我们，她本来想举手报告老师，可是老师说过，老师讲故事的时候一定要注意听讲，不能到处乱跑，她实在憋不住就尿在裤子里了。

通过这件事，我和妻子决定有意识地引导伊伊，学会正确面对大人的要求，并能够表达自己的正当需求，不让孩子再伤在所谓的"听话"上。

随后发生的一件事，让我们觉得机会来了。一个周末，我和妻子打算先带伊伊去商场买衣服，然后再去看儿童剧《白雪公主》；伊伊则想先看儿童剧，再去买衣服。妻子故意说道："伊伊是个听话的孩子，这件事爸爸妈妈说了算。"伊伊很不开心，但是没再说什么。

我悄悄问伊伊，为什么她想先去看儿童剧？伊伊告诉我，每次妈妈带她去买衣服，总是逛好久，回家的路上她经常睡着了。于是，她害怕看《白雪公主》的时候也睡着。我动员她把想法告诉妈妈。伊伊摆摆手，一副老气横秋的样子说："算了，你们说了算。"我听了后很心疼孩子，真没想到她看似听话的背后，竟然有这么多的无奈。

我继续鼓动她，要是不想睡着，就一定要跟妈妈说。我还保证，如果妈妈觉得她说得有道理，一定会同意她的要求的。最后《白雪公主》占了上风，伊伊去找妈妈了。妻子认真地倾听了伊伊的话后，决定同意她的提议。那天伊伊看得非常高兴，回家的路上，小嘴"叽里呱啦"说个不停。

我趁机说："多亏你跟妈妈说先来看儿童剧了，要不你睡着了，多可惜！"妻子也附和说："伊伊是个大孩子了，可以告诉我们她的想法了。以后我们也要多听听伊伊的意见呢！"第二天我送伊伊去幼儿园时，特意当着伊伊的面，向老师提起这件事，由衷地表扬她敢于表达自己的想法。[1]

案例44.2中的伊伊，宁肯上课尿裤子，也不向老师报告要去厕所。原因在于，父母长期向她灌输要做一个听话的孩子的思想。伊伊形成了一个观念，要听爸爸妈妈的话、听老师的话，他们才会爱我。当"听话"与"自己的需求"发生矛盾时，哪怕自己受点委屈，伊伊也要做一个大人眼中的听话的乖孩子、好孩子。

案例中孩子做出"尿裤子"的选择，的确不高明。鞋子合不合脚，自

---

[1] 付小平. 别让孩子伤在"听话"上[EB/OL]. http://jtjy.xdf.cn/201506/10295159.html.

己穿了才知道。大人的话，在一定的情境下是合理的，但在特定情境下可能是无理的要求。孩子事事听大人的话，盲从大人的意见，难免会碰到"鞋子不合脚"的问题。面对出现的新问题，听话的乖孩子可能会扭曲自己的真实意图，做出"削足适履"的不智之举。

问题出在哪里？你可以批评孩子缺乏主见，不敢表达自己的合理要求。但更应该反省的是大人对孩子长期的灌输，尤其是父母对"乖孩子"的错误认识。细细审视的话，要求孩子"做个听话的乖孩子"，表面上看上去是为了孩子好，是对孩子的关心和爱护，实际上，很有可能是牺牲孩子的个性，来成就父母眼中"理想的孩子"。所以，这种牺牲要不得，这不是对孩子的关爱，而是对孩子无意识的伤害。

伊伊在幼儿园尿裤子事件，让她的父母意识到，要改变教育方式，不能再让孩子伤在"听话"上。在随后的一个周末，父母决定先带伊伊去商场买衣服，然后去看儿童剧。伊伊则希望先看儿童剧，再去买衣服。这一次，父母既没有一味地坚持自己的决定，也没有简单地同意伊伊的想法。分析父母的教育行为细节，包括设计问题情境、回应孩子方式等做法，显得别具匠心。

第一，妈妈先假装以"伊伊是个听话的孩子"的名义，来要求孩子服从爸爸妈妈的安排。对于先买衣服，还是先看儿童剧，父母没有图省事，精心设计了教育情境。果不其然，尽管伊伊不开心，但还是没有开口为自己争辩。

第二，爸爸询问孩子想先去看儿童剧的理由，并且鼓励孩子表达自己的想法。孩子的表现令人心疼，听话背后有许多的无奈。在爸爸锲而不舍的鼓励下，伊伊鼓起勇气，找妈妈倾诉内心的想法，争取自己的选择权和决定权。妈妈当然顺坡下驴，同意了伊伊的正当要求。

第三，父母充分肯定孩子的表现，不失时机地鼓励孩子。无论是观剧的过程,还是回家的路上,伊伊的心情都很好。父母看到后,及时地表扬孩子的做法,并且表示以后也要多听听孩子的想法。而且,在送伊伊去幼儿园时,父亲特意当着伊伊和老师的面,再次表扬伊伊"敢于表达自己的想法"。

四、自我约束细节

从广义上来说,家庭教育是父母与子女在日常生活中的一种沟通、互动过程。家庭教育与学校教育相比,它具有基础性、深远性与典型的生活化特点。父母与孩子之间的互动与回应,从另一种角度来说,就是父母的榜样示范。父母的榜样示范,通俗地说,就是言传身教,它蕴含在日复一日的家庭生活中。无论父母有没有从主观上有意识地施加影响,父母对孩子的影响都是全方位的,孩子也一定会全方位地吸收父母的各种"养分"。

从众多优秀的育儿经验中不难发现,很多父母伴随孩子成长的过程,其实就是父母自我约束与自我修炼之路。他们,教育孩子的同时也在不断地教育着自己,与孩子同学习、共进步。父母,其实并不会随着孩子年龄的增长而自动进步。父母的成长与进步,一定离不开对自我的约束,它既体现在父母对自身素养提升的教育行为约束的主动要求,也体现在父母陪伴孩子成长的过程中。

45. 展现勤奋生活态度

> 家庭教育碎碎念：
>
> 勤劳一日，可得一夜安眠；勤劳一生，可得幸福长眠。
>
> ——达·芬奇

从小培养孩子勤奋的生活态度和习惯，是父母留给孩子享用一生的宝贵财富。要让孩子养成勤奋的态度和习惯，父母自己首先要说到做到，要给孩子营造一个勤奋的家庭生活环境，让孩子切身感受到父母的勤奋。"童话大王"郑渊洁的父亲从小给孩子展现勤快的生活作息，在他 80 多岁高龄时，仍然坚持每天四点起床。在他的榜样示范下，全家人没有一个睡懒觉。郑家的教育方法或许并不具有普遍性，但父母以身作则的道理是相通的。每对父母在家庭中倡导勤奋的生活态度，并且时时处处展现出来，才能为孩子提供良好的示范引领，从而在潜移默化中引导孩子形成良好的习惯和态度。

案例 45.1 教给孩子勤奋的生活态度

我来美国前常看到评论说美国人很懒，美国家长特别放任自由等等，这不是真的。

这十几年我所熟悉的美国人，无论在工作还是家庭生活上，都特勤奋。尤其是我的前老板。

他每天早上 4 点起来工作，7 点到实验室，他的日历上每天的安排总是密密麻麻的。我们的科研项目多，学生也多，但每个人的每个实验他都要一一过目。

他从来不觉得努力工作有什么值得称赞的，"Everybody should work

hard, right?"（每个人都应该努力工作，对吧？）他认为努力做事是最基本的生活态度。

他对孩子的要求和对学生的要求一样：专注，认真，勤奋。

他们家孩子从小不看电视，不玩电脑游戏，第一台电视机是等老三上了大学后才买的。每天晚上他们全家一起学习工作，晚上9点前务必上床睡觉。他每天4点起来工作，孩子们6点起来运动，然后各自上学去。每逢假期，除了家庭休假，他们一定把孩子们的学习和社会实践时间安排得满满的。

他曾说他育儿的方式就是让孩子们勤于做各种事，总有目标，并在其中找到成就感，这样，他们就越做越爱做，越做越能做。

这一点我体会很深，跟他12年忙了12年，虽然辛苦，但很充实很受益。

我也越来越觉得无论工作学习还是家庭，专注、认真和勤奋是成功的最基本要素。[1]

案例45.1中，描述的是一位美国父亲勤奋的工作与生活态度，并且他要求孩子也做到这种有益的人生态度。分析其中的家庭教育理念和教育细节，有以下几处值得我们学习探讨。

第一，帮孩子确立认真勤奋的生活目标。作为父母，有必要帮助孩子确立健康的生活目标，培养良好的生活习惯，引领孩子过好日常的生活。这是为人父母理应承担起的基本职责。案例中的父亲，要求孩子在学习与生活上做到专注、认真和勤奋。对孩子提出这样的要求，实际上也是引导孩子确立认真勤奋的生活目标。父母为孩子确立认真勤奋的生活目标，其实不仅要求孩子做一件事情的时候要认真，而且要求孩子在做与生活学习

---

[1] 晓杨. 哈佛幸福研究没有告诉我们，最好的教育只可能发生在这样的家庭[EB/OL]. http://www.vccoo.com/v/b44r6p.

有关的事情都要认真。应该说，这位美国父亲为孩子确立的生活目标是比较朴素的，虽然看上去不一定高大上，但是对于孩子未来的生活、工作与学习却是具有积极意义的。

第二，展现给孩子勤奋做事的生活态度。在家庭教育当中，父母的榜样示范与孩子行为习惯的养成，具有非常密切的关系。有的父母对子女抱有高期望，但问题在于：自己做不到的事情，却要求孩子做到，自己做不好的事情，却要求孩子做得好。无数的现实告诉我们，这样一种美好的愿望往往会事与愿违。案例中的父亲，在对孩子提出专注、认真、勤奋的要求时，首先自己做到认真努力做事，展现给孩子良好的生活态度。比如，这位父亲每天4点钟就起床工作，晚上还与孩子们一起学习工作。这样，既让孩子看到父亲是认真努力工作的，又让孩子们每天晚上都在认真努力地学习中度过。

第三，把孩子的作息时间安排得满满的。安排好孩子的作息时间，是父母培养孩子良好生活习惯的重要途径。案例中的父亲，为了更好地帮助孩子学会认真勤奋做事，除了给孩子提要求、自己做榜样外，还着力帮助孩子安排作息时间。他的具体做法是把孩子的作息时间安排得很满，几乎不留下空当。比如，每逢假期的时候，除去家庭休假的时间，父母会把"孩子们的学习和社会实践时间安排得满满的"。这位父亲认为，如此的安排能够"让孩子们勤于做各种事，总有目标，并在其中找到成就感"。这样一来，孩子们"就越做越爱做，越做越能做"。

总之，父母帮孩子确立认真勤奋的生活目标，并且以身作则成为孩子的榜样，在孩子面前展现勤奋的生活态度，这能够给孩子以巨大的人生财富。这种财富一旦获得，就会伴随终身，受益无穷。

46. 坚持写成长日记

> 家庭教育碎碎念：
>
> 沟通分言语沟通与非言语沟通，父母要学会用日记这样的文字记录方式观察孩子、促进亲子沟通。

父母对于孩子的发展和未来都有一定的期望，并且希望孩子能够自觉主动地朝着既定的方向成长。现实的情况常常是，孩子身上总是有这样或那样的缺点，孩子的表现多多少少有让父母不满意甚至生气的地方。针对孩子的不足，父母若只是凭着苦口婆心地说教，即使是说干了嘴巴，磨破了嘴皮子，往往也收效甚微。就算是奉行"棍棒之下出孝子"，想通过打骂孩子来教育孩子，也不见得能够收到预期的教育效果。孩子毕竟有自己的思想，有自己的价值观念和行为方式，父母说得再多，打得再狠，也很难触动孩子的内心世界。我们应该倡导的是，用教育的艺术和智慧，运用孩子乐意接受的教育方式，真正与孩子进行心灵的交流，逐渐引导孩子走上理想的成长道路。

案例 46.1 用成长日记引导孩子成长

为了唤醒儿子的自信，我曾坚持近两年时间为其写观察日记《儿子，每天都发光的太阳》。每天晚上，儿子睡着后，我就在灯下，努力回忆儿子今天表现出来的优点，简单整理成文，然后放在儿子的枕头边儿。

第二天，儿子醒来时，第一件事就是摸这个笔记本，充满期待地翻看，然后也由开始时的有意表现变成了一种习惯，最终，这些习惯就像长在儿子身上一样牢固。当孩子的优点足够多的时候，他的缺点就变得越来越少，最后就完全可以忽略不计了。

这样做的好处至少有三点：首先，孩子一天比一天自信；第二，亲子关系变得和谐，家庭变得幸福；第三，孩子各方面都会大有长进，更懂事，更感恩，更好学，更优秀。当然，每天的观察日记，我除了写儿子的"优点"外，还会写一些引导性的话语，还会表达对孩子的歉疚，感谢，祝福，希望……

就是从那时起，儿子才逐渐有所进步的。所以，我坚信一句话：要想改变孩子，必先改变父母。①

案例46.1中，母亲为了唤醒孩子的自信，促进孩子的成长，坚持近两年时间写儿子的成长日记。母亲通过白天的仔细观察，在每晚写的日记中，记录孩子的优点，写好后放在儿子枕边，让儿子一早醒来，就能看到一篇充满爱意和激励的日记。案例中母亲的做法，取得了良好的效果，有力地促进孩子的进步。分析其中的教育行为细节，有几点值得我们学习借鉴。

第一，把孩子的优点作为日记的主要内容。孩子的成长日记，可以记录孩子成长过程的点点滴滴，内容上并没有很强的指向性。不过，案例中的母亲写成长日记的时候，却把儿子每天表现出的优点作为日记的主要内容。这是因为案例中的母亲写孩子成长日记的主要目的，不仅仅是为了记录孩子每天的成长，或是作为回忆今昔的凭借，而是为了引导孩子朝着自己希望的方向成长，是为了"唤醒儿子的自信"。当然，案例中母亲写儿子的成长日记，除了记叙儿子的优点外，还会加入自己的一些想法，比如"会写一些引导性的话语"，有时"还会表达对孩子的歉疚，感谢，祝福，希望……"。这样，成长日记虽然是主要写孩子的优点，但有了这些引导性语言和表达的其他意愿，会使日记的内容更加丰满，也能用春风化雨的

---

① 王智慧. 放大优点持续激励——2016中国新父母年度人物提名奖获得者王智慧亲子成长自述[J]. 教育，2016（52）.

柔和，来引导孩子朝着更理想的方向发展，从而使日记更具有教育意义。

第二，每晚写好日记后放在儿子的枕头边。案例中母亲写孩子的成长日记，不是为了收藏起来，自己慢慢欣赏，而是为了影响孩子，引导孩子成长。因而，每晚待孩子睡着后，母亲开始在灯下写日记，写好日记之后，就放在孩子的枕头边上，以便孩子醒来时能第一时间看到日记的内容。由于日记记录的是孩子的优点，是对孩子的肯定和表扬，孩子自然愿意看，喜爱看。案例描述的情形是"儿子醒来时，第一件事就是摸这个笔记本，充满期待地翻看"。想想也是，孩子有的时候会淘气，会发脾气，不喜欢被说教，还会和大人顶嘴，但不可否认的是，孩子都喜欢听表扬的话，特别是希望自己的优点、长处能及时被别人发现，得到他人的认可。案例中母亲通过写日记的方法，晚上及时记录孩子的一天的优点，并且让孩子早上醒来能立即看到日记。与口头表扬相比，这样的做法，能给孩子留下更深刻的印象，也能起到更好的激励效果。

第三，母亲坚持写成长日记长达两年。日记记录的是一天的事情，其特点是每天都可以记录。即使做不到每天写日记，也要做到每周写几次。案例中的母亲能坚持两年写成长日记，实属不易。可以想象，母亲白天要工作、做家务，有自己的一堆事情要做，晚上还要陪着孩子活动，待孩子睡觉之后，还要拖着疲惫之躯，努力回忆孩子一天表现出的优点，然后伏案奋笔疾书，写成一天天的成长日记，呈现在孩子枕边。坚持长时间写成长日记，可以每天都能看到孩子的优点，而且可以看到不同的优点，成长中的优点。这是因为每天记录的优点不是一成不变的，是经常在变化更新的。

案例中的母亲坚信一句话，"要想改变孩子，必先改变父母"。的确如此，就拿写成长日记这件事来说，坚持两年时间每天都写日记，对任何的家长来说，都是不小的挑战，都需要克服这样那样的困难。要做到这一点，需要改变自己，对自己的一些借口说"不"，然后，以自身的改变促成孩子的成长进步。因而，以坚持写孩子成长日记的方式来教育引导孩子，这是父母在家庭教育中的主动作为，而且是一种积极有效的作为，值得为人父母者学习借鉴。

47. 兑现自己的承诺

> 家庭教育碎碎念：
>
> 对孩子的承诺，要像对成人的承诺那样认真对待。不随意承诺，但只要承诺了，就要一诺千金。

诚信是一个人的基本道德品质。父母都会教育孩子守承诺，做一个讲诚信的人。在家庭生活中，父母与孩子互动的过程中，或多或少都会做出一些承诺，用来引导孩子的行为。父母都知道，要教育孩子讲诚信，做到信守承诺，自己必先在孩子面前守承诺。在现实生活中，有的父母为了哄哄孩子，为了让孩子一时听话，就随口作出对孩子有诱惑力的许诺，然而，时过境迁之后，就自动忽略了承诺过的事。对此，他们还有可能美其名曰："哄孩子的话，何必当真！"其实，这是一种不负责任的行为，这么做不仅会削弱父母的教育权威，也传递给孩子一个不良信息，即承诺不必都要兑现。因而，要想培养一个信守承诺的好孩子，父母必要率先垂范，对孩子讲诚信，做到有承必诺，而不能承而不诺，不守约定。

案例 47.1 承诺孩子的事要尽力做到

记得那是在去年夏天，幼儿园放暑假，我带乐乐回奶奶家。在睡觉之前，我要求乐乐洗澡，他有点不想去洗，可能是见到奶奶很开心，也想和奶奶说话，就想把今天洗澡的事情放弃了。就在我要跟他讲道理的时候，奶奶说了一句，"乐乐，你赶紧洗，洗完了我带你去坐超市门口的摇摇车。"我问乐乐奶奶，"超市还开吗？现在已经晚上九点了。"奶奶告诉我，关门了。她就是为了哄小孩子快去洗澡，就说了。我没有反驳奶奶，因为她的话已经说出来了，而且乐乐也进去洗澡了。

等乐乐洗好澡了，我就给乐乐穿了衣服，跟乐乐奶奶说："妈，咱们陪乐乐坐摇摇车去。"奶奶说："现在已经关门了。"我说："您已经承诺乐乐，洗好澡后，带他去玩摇摇车，如果他没有亲眼看到关门了，那就降低了我们大人的可信度，这个会影响到以后沟通的信任度，我们要让他亲眼看见超市已经关门。"到了超市，他看到门关了，于是我就跟乐乐讲："超市已经关门了，是因为我们在家洗澡慢了，错过了时间，明天我们早点来，就一定能玩到。"

第二天，我一大早就领乐乐去超市玩了摇摇车，并且告诉他，如果能洗澡快一点，那么当天晚上就能玩到摇摇车，就不用等到今天早上了。之前的那天晚上，成了乐乐唯一一次洗澡不积极的夜晚。后来每次洗澡乐乐都很积极，都不用去超市门口看关门与否。他已经知道洗澡不积极有可能会耽误玩耍。

虽然我坚持答应孩子的就一定要做到，但是当孩子承诺了某一件事情时，还是会有犹豫。一天晚上，乐乐临睡觉前把他最喜爱的小汽车都拿了出来，摆了一大床，我问他："乐乐都要睡觉了，怎么还把小汽车拿出来啊？"他没做声。我仔细看了看他，脸上没有平时玩小汽车快乐的表情，反而是闷闷不乐的样子。我坐到他身边问："乐乐，怎么啦？"他还是没有说话。"是不是不喜欢这些小汽车了呀？"听到我这样问他，他着急地说："不是的，不是的，每一辆小汽车我都喜欢的。""那你为什么这么不开心呢？"我接着问，过了半天他才说出原因。

原来，今天在幼儿园和一个小朋友玩的时候，乐乐向小朋友炫耀了他有好多好多小汽车的时候，乐乐最要好的小朋友问能不能送给他一辆小汽车，乐乐随口就答应了。晚上想起这件事情的时候，把小汽车都摆在床上挑选，可是哪个都舍不得，所以才这样。听后，我不禁想笑，乐乐最喜爱这些小汽车了，怎么会答应送给小朋友一辆汽车呢？一定是当时玩得太开心了，根本没想就同意了，现在又后悔了。转念一想，一辆小汽车对乐乐来说虽然不舍，可是，这不正是教育乐乐做一个诚信的人的好时机么？

于是，我把平时对乐乐承诺过的事情拿出来和乐乐说，问乐乐："哪一件爸爸承诺过的事情没有实现呀？"乐乐说："没有。"我说："所以呀，男子汉，答应别人的事情就一定要做到，是不是呀？"乐乐听后点点头，在众多小汽车里面选了一辆，决定第二天送给好朋友。当晚我表扬了乐乐，竖起大拇指说："来，小小男子汉！"乐乐和我碰了碰大拇指后，开心地笑了起来，看到他开心的笑脸，我更加开心。

我经常告诉孩子，对别人承诺的事情，必须是自己能做到的，万一自己很努力但还是做不到，就一定要跟对方说明原因，并请求对方原谅才可以。这也是一个男子汉必须做到的。[①]

案例47.1描述了孩子的父亲为了兑现对孩子的承诺，尽管知道晚上9点多超市已经关门，无法去坐摇摇车，但还是带着孩子去超市门口，让孩子知道无法马上兑现承诺的客观原因。而且，第二天一早就带着孩子去玩摇摇车，以尽快兑现大人的承诺。当得知孩子犹豫是否要遵守承诺，将心爱的小汽车送给小朋友的时候，父亲以民主平等的交流，引导孩子承诺的事情就一定要努力做到。细细阅读案例，有几处行为细节值得我们进一步探讨和学习。

第一，晚上带孩子去实地观察超市。案例中，孩子的奶奶为了哄孙子洗澡，就随口承诺孩子洗完澡之后去超市门口坐摇摇车。不过，这时已经晚上9点，超市已经关门了，孩子洗完澡之后去超市门口坐摇摇车是不现实的一件事。显然，孩子的奶奶仅仅是为哄一下孩子，并没有当作一回事，但孩子却信以为真，并且为了能玩摇摇车，就自觉地去洗澡了。在有

---

① 郁琴芳. 20个父亲的教育智慧[M]. 上海：华东师范大学出版社，2016.

的父母看来，既然孩子已经去洗澡了，而且天晚了去超市也坐不了摇摇车，那么等孩子洗好澡出来，转移孩子的注意力，把摇摇车的事一笔带过，或者口头上说一下因为超市关门无法坐摇摇车，量孩子也翻不了天。而案例中的父亲不因天晚超市已关门，也不管去超市是"白跑一趟"，坚持带着孩子去现场看已经关门的超市，让孩子切身体验不能坐摇摇车的客观情况。这样的做法，比苍白的说教，更能让孩子理解事由，并且留下深刻的印象。

第二，第二天一早带孩子去超市玩摇摇车。家长对孩子做了承诺就应该努力地去兑现承诺。在条件允许的情况下，尽早地兑现承诺，是信守承诺的一个重要表现。案例中，因为晚上超市关门，造成家长无法及时兑现带孩子坐摇摇车的承诺。虽然是客观条件的限制，但毕竟没有当场兑现承诺，于是，到了第二天一早，父亲就带着孩子去坐摇摇车，这样就能够及时地兑现大人的承诺。不仅如此，父亲还给孩子分析了为什么昨天晚上没有坐到摇摇车的原因。理由不是父亲没有带孩子去，而是因为孩子洗澡洗得太晚，洗完澡之后超市就关门了，而放在超市里的摇摇车自然也坐不成了。父亲的诚信和有理有据的引导，让孩子意识到洗澡不积极会影响到后续的玩耍。意识到问题之后，孩子之后的洗澡就变得很积极了，再也没有出现拖拖拉拉的情况。

第三，引导孩子信守对小朋友的承诺。父母在孩子面前信守承诺的目的，是为了帮助孩子形成信守承诺的道德品质。父母在与孩子互动中做到信守承诺，只是教会孩子信守承诺的第一步。父母更应该帮助孩子在与他人的交往中做到信守承诺。案例中的孩子在幼儿园，答应送小伙伴一辆自己的小汽车，等回到家后，似乎又反悔了，因为都是自己心爱的玩具，舍不得送出去。父亲发现这个情况后，并没有觉得是儿戏，而是认真对待，觉得这是帮助孩子更好地形成守信品质的教育契机。为此，父亲与孩子进行讨论交流，让孩子从父亲信守承诺的事例中汲取营养，引导孩子明白每个人都要做守信用的人，从而帮助孩子转变舍不得的思想，信守自己做出的承诺，主动拿出一辆心爱的小汽车送给小伙伴。

48. 把孩子秘密当回事

> 家庭教育碎碎念：
>
> 孩子与成人一样拥有隐私权等的基本权利。慎重对待孩子的小秘密，做到不传播孩子的小秘密，是尊重孩子的重要表现，也是打造亲密亲子关系的一个基本要求。

每一个孩子都是一个独立的个体，有自己的想法，有自己的需求，也有个人不想公之于众的小秘密。不过，在有的父母看来，孩子思想不成熟，想法比较幼稚，在大人面前应该是透明的，不应该有什么不能公开的秘密。因而，他们不仅缺乏替孩子保守秘密的意识，而且经常把孩子的秘密当谈资，甚至以"取笑"孩子的秘密为乐。这样的做法，对孩子的心灵是一种伤害，也会给亲子关系造成障碍。实际上，慎重对待孩子的小秘密，做到不传播孩子的小秘密，是尊重孩子的重要表现，也是打造亲密亲子关系的基本要求。

案例 48.1 不把孩子的秘密当笑话

有一天，豆豆对爸爸说："爸爸，我要告诉你一个秘密。"爸爸说："怎么了，有什么事啊？"豆豆说："我告诉你了，你千万不要笑我啊。"爸爸听了后，很严肃地说："好的，爸爸不会笑话你的，你有什么事就对爸爸说吧。"豆豆对爸爸说："我长大了想娶我的同桌。"爸爸听了刚上小学的儿子一本正经地说出这句话后，心里确实感到很好笑，但他还是对儿子说："儿子，你有这个想法，爸爸支持你，爸爸也不会告诉任何人，包括你妈妈，可是为了这个理想，你是不是该从现在起就努力地学习啊？否则的话，你同桌不一定会同意嫁给你啊！"豆豆听了，觉得爸爸说得很有道理，学习更加努力。以后，豆豆有什么小秘密都会告诉爸爸，让爸爸给他出主意。[①]

案例48.1中，豆豆告诉了爸爸一个秘密，那就是长大以后想娶同桌。对于豆豆这个看起来比较幼稚的想法，爸爸认真慎重地对待，取得了良好的教育效果。分析其中的教育行为细节，我们可以从以下方面进行探讨。

第一，尊重孩子的想法。案例中，刚上小学的儿子要告诉爸爸一个秘密，并且要求爸爸不能笑话他。爸爸答应之后，豆豆跟爸爸分享了他的小秘密，那就是长大之后想娶同桌。对于刚上小学的儿子说出来这么一个话题，爸爸心中肯定是觉得儿子的想法是很幼稚很可笑的。但是，爸爸前面已经答应了儿子不会笑话他，所以自然不能出尔反尔，甚至不能发出笑声。否则，儿子就会觉得爸爸说话不算数，没有做到信守承诺，以后会变得不愿意把心里话告诉爸爸了。其实，即便孩子没有要求不能取笑他讲出的秘密，作为父母也应该做到尊重孩子的想法，哪怕在成人看来是幼稚的、可笑的、不现实的话。只有这样，孩子才能从父母的行为中感受到尊重，感受到父母把自己的事情当作一回事，孩子也才愿意与父母多交流。

第二，保守孩子的秘密。孩子把某件事称之为秘密，显然是只想让它在非常有限的范围内传播。案例中，豆豆把长大后想娶同桌的秘密告诉爸爸，是对爸爸的极大信任，但这并不意味着他希望爸爸传播这件事，而是希望爸爸能守口如瓶，不要把这件事告诉别人。对于儿子的想法和意图，父亲是心领神会的。尽管儿子没有提出保守秘密的要求，但父亲还是主动承诺不会告诉任何人，包括孩子的妈妈。爸爸的承诺，无疑是让豆豆吃下了一颗定心丸。此时，豆豆应该觉得爸爸没有辜负自己的信任，自己跟爸爸分享秘密是找对了人。爸爸的表态，也进一步拉近了亲子之间的心理距

[①] 刘娅. 请把孩子的秘密当回事 [J]. 中华家教，2013 (12).

离，巩固和提升了亲子之间的关系，为下一步的教育引导奠定了基础。

第三，引导孩子的行为。在很多情况下，孩子之所以跟父母分享秘密，是因为孩子的内心想寻求帮助，想得到支持和肯定。案例中的孩子，对于自己长大后娶同桌的"天真"想法，自己也吃不准，需要大人的引导和帮助。孩子虽然没有明说，父亲还是准确地解读出孩子的心理诉求。于是，父亲一方面表达了支持孩子想法的意见。另一方面还引导孩子，为了实现自己的理想，必须要努力学习，否则同桌也不一定愿意嫁给他。这样父亲就把孩子幼稚的想法跟努力学习结合起来，把孩子的注意力转移到好好学习上面来。我们注意到孩子原来的想法，有很大的不确定性，在某种程度上是不切实际的，但是努力学习却是当下要做的事情，父亲的教育引导无疑是切合实际的，也是非常高明的。

总之，案例48.1中，父亲的做法是到位的，真正把孩子的秘密当回事，认真对待，积极引导，取得良好的教育效果。父母在对待孩子秘密时，还要学会从孩子的角度来看孩子的秘密。其实，对于什么是秘密，孩子与成人有着不同的标准。成人觉得是平常不过的事情，孩子或许觉得就是不宜公之于众的小秘密。对此，父母要充分了解孩子的想法，尊重孩子的意见，特别是当孩子明确提出自己的一些事情是秘密，而且不想告诉别人的时候，父母即便有不同的意见，也要充分考虑孩子的感受，不要与他人讨论交流孩子的小秘密。

49. 让孩子找大人的茬

> 家庭教育碎碎念：
> 每一个家庭成员，包括父母都要学会包容他人的缺点和不足，并且能够接受他人提出的善意批评。

在家庭生活中，每一个成员都要学会包容他人的缺点和不足，并且能够接受他人提出的善意批评。不过，在有的父母看来，自己是长辈，可以挑孩子的毛病，指责孩子的不足，甚至带着一定情绪对孩子提意见和进行批评教育，而孩子却不能随意说父母的问题，即便要表达不同意见，也应该心平气和地跟父母表达，提出自己的想法和建议。我们不难发现，基于这种观念来驾驭亲子关系，很容易让孩子产生逆反心理，而且无形中增加亲子冲突的可能性。毕竟这是一种不平等的亲子关系。实际上，父母要允许孩子发表不同的意见，甚至允许孩子找一找父母身上的缺点，然后父母再与孩子认真讨论，听取孩子的正确意见，并加以改正。做到这一点，对于培养孩子的民主参与意识和构建健康和谐的家庭氛围，都是大有裨益的。

案例 49.1　我找不到你的浴衣

这是个星期天的晚上，儿子在客厅里复习功课，我在卧室里看书，他爸爸在浴室里洗澡。突然，我在卧室里隐约地听到他爸爸让儿子给他拿一件他忘记带入浴室的浴衣。隔着浴室的门，他爸爸明确地对儿子说："浴衣在沙发上。"儿子在沙发上反复寻找，但始终没有找到，就对在里面的父亲说："你究竟放在哪里了？我找不到。"

这时我走到客厅，只听他父亲不耐烦地说："连件浴衣也找不到，你怎么回事?"然而,我恰恰发现浴衣被他遗忘在饭桌上,于是,我把浴衣递给儿子让他送进浴室。这时儿子火气很大,抄起大嗓门冲着尚在浴室里的父亲说道:"你搞什么搞,这么大的人了浴衣还让别人拿。"这样的对立情绪在别的家庭也许不会引起什么风波,而我知道在我们的家庭,必须马上要控制好双方的情绪,一则我了解他父亲的脾气,比较自我,说不得;二则父亲和儿子之间平时沟通的机会比较少。

于是,我马上趁他还在浴室穿衣服的间隙,和儿子说:"他刚才说话不注意口气,你是受了委屈,但你后面的嗓门也够大了一些,等会他出来还要和你论理的话,你尽量少说,学会克制。"儿子点了点头。

这时他父亲从浴室出来,对着儿子说:"你小子真没良心,我在你成绩不怎么好的情况下,还花巨款送你去美国交流留学,你却连递件衣服都嫌烦,以后我是指望不上你了。"说实在的,在一旁的我觉得他说的虽然都是气话,但这样的用词很容易伤儿子的自尊心。和他共同生活了十几年,我意识到此时不是和他论理的时候,便马上和他打圆场,"儿子怎么会不孝敬你呢?你为他付出了这么多,只是你刚才将浴衣放在桌上,却示意让孩子帮你在沙发上找,他一时找不到有点怨气也在情理之中呀。"

此时,他爸爸显然意识到什么,马上一言不发地离开客厅去了卧室。这时我发现尚在读高二的儿子此时表现得极为冷静,既没有回嘴,也没有急于辩解。学会了在特定的时间段中克制自己的情绪。我回头肯定地对儿子说:"你今天做得不错,不要计较他的话,那是气话,妈妈和爸爸始终是认可你的。"回到卧室,我和他爸爸进行了沟通、交流,他爸爸也意识到由于比较自我,说话不注意口气和用词,既委屈了孩子,使自己也处于比较失分的状态。后来,他悄悄地给儿子发了个短信,在短信中表达了歉意。①

案例49.1中父亲和孩子，因为拿浴衣的事情而发生了言语上的冲突。冲突的发生，双方都有一定的原因，但从家庭教育的立场，我们需要更多地分析父亲的行为。

首先，在言语上责怪孩子。案例中的父亲忘记带浴衣去洗澡，就让儿子帮忙送一下浴衣。他告诉儿子浴衣放在沙发上，然而浴衣并没有在沙发上。找不到浴衣的儿子，自然会询问父亲究竟把浴衣放在哪儿。不可否认，儿子由于反复在沙发上找不到浴衣，跟父亲说话时带着一点小情绪。在这里，孩子情绪出现点小的变化，直接原因是父亲告诉他的浴衣位置有误。然而，孩子对父亲的质疑，直接导致父亲在言语上指责孩子的"无能"，"连件浴衣也找不到，你怎么回事？"之后，母亲在饭桌上找到浴衣，并让孩子把浴衣送给父亲。孩子虽然情绪变得更加不好，但还给父亲送了浴衣，不过却忍不住用大嗓门找父亲的茬，挑父亲的小毛病，即"这么大的人了浴衣还让别人拿"。面对孩子的挑刺，父亲在出了浴室之后，立刻就继续指责孩子"没有良心"，还说"以后我是指望不上你了"这样的气话。在案例中，我们看到父子之间围绕浴衣发生了一次冲突，父子之间的相互指责，尤其是父亲的责骂推动了冲突的升级。

其次，在态度上有失温和。在家庭生活中，各个成员之间尤其是亲子之间应该以温和的态度进行日常交流。即使是对对方有什么意见，有什么不满，也应该做到心平气和地与对方交流。家庭成员彼此做到这一点，才能形成良好的家庭氛围。案例中，父亲在儿子告诉他找不到浴衣之后，就开始不耐烦地责问孩子怎么连一件浴衣都找不到。在妈妈的帮助下，孩子把浴衣送进了浴室。当父亲最后穿着孩子送来的浴衣出来之后，似乎余怒

---

① 本案例由上海理工大学附中学生家长柴文静撰写。

未消，开始教训孩子没有良心。可以想见，在父亲与孩子围绕浴衣的互动交流中，我们可以感受到父亲的态度是不合作、不温合、不和气、不积极的。当然，你也可以说，父亲之所以出现不温和的态度，是因为受到儿子不客气话语的刺激。但只要深入地思考，我们就可以发现父子之间这种关系的形成，不是一朝一夕的，而是在长期的亲子交往中固化下来的，是亲子关系的外在表现形式。而且，这种比较僵硬的亲子关系，主要是父亲造成的，与父亲长期以来有失温和的态度不无关系。

最后，在思想上比较自我。父母与孩子互动交流过程中，应该多从孩子的角度看问题，要试着基于孩子的眼光来理解孩子。只有这样，父母才能真正走入孩子的内心世界，孩子也会愿意打开心扉，主动和父母交朋友，吐露心声。假如父母只考虑自己的感受，把自己架得高高在上，很少设身处地为孩子着想，那么，就有可能觉得孩子身上发生的现象难以理解，甚至是觉得孩子"有问题"。案例中的父亲，在与孩子的互动交流中，主要从自己的感受出发考虑问题，说话的内容、说话的态度也随着自己的喜好，没有考虑到孩子是不是愿意听、愿意接受。因此，因为父亲提供错误信息找不到浴衣的儿子，听到了父亲不耐烦的指责之后，本来就带着一点小情绪的儿子变得很有火气，然后抄起大嗓门冲着父亲抱怨。

总之，案例中的父亲习惯从自己的角度出发，认为自己的想法是对的，容不得孩子对自己的抱怨、对自己的找茬，导致了亲子冲突的产生和进一步升级。好在案例中的母亲及时地发现了问题所在，发挥了"减压阀"的作用，较好地调和父子之间的对立对抗。通过案例的分析，我们可以借鉴有关的经验和教训。父母要允许孩子在一定范围内提出不同意见，要鼓励孩子找大人的不足，找大人的"茬"，并且通过分析孩子提意见的原因，真正走入孩子的内心，了解孩子的真实想法，然后通过积极的亲子交流和互动，消除亲子的误解，与孩子共同构建和谐民主平等的家庭氛围。

50. 不影响孩子做作业

> 家庭教育碎碎念：
> 做作业不是孩子一个人的战斗，父母需要放下手机全心全意地陪伴，为孩子创造良好的学习环境。

学习是每一个孩子的主要任务。学习，尤其是知识学习，都离不开做作业。我们知道，孩子做作业的质量高低影响着学习成效。如何给孩子做作业创造良好的环境，如何帮助和辅导孩子做好作业，是父母们都应该思考和对待的问题。有些父母知识水平较高，又有一定的业余时间，有时间有能力亲自辅导孩子的作业。有些父母要么没有辅导孩子功课的能力，要么没有辅导孩子做作业的时间，似乎在辅导孩子做作业方面力有不及。实际上，不管父母的能力怎么样，是不是有时间，都应该做到不影响孩子做作业，都要为孩子做作业创造良好的支持环境。

案例 50.1　陪孩子写作业能玩手机吗？

父母是孩子终身的老师，我们的行为潜移默化地影响着孩子。一直以来，我要求孩子做到的事情，自己一定也坚决做到，说到做到，教孩子讲诚信、懂责任。

记得女儿刚上学的时候，我总是一边玩着手机一边看着女儿写作业，那时她的作业真是完成得很费劲，一会儿过来看下手机，一会儿玩点什么，为此我也对孩子发过火，批评她有人陪着还不好好写作业。

后来我认识到自己的错误，向女儿承认了错误，"爸爸以前错了，以后你写作业的时候我再也不玩手机了，而且咱俩一块写作业，我掐表看谁写得又快又好。"之后我一直坚持与孩子一起写作业，同她比赛，当然我总会故意输给她，孩子也很享受这段亲子作业时间，一气呵成地完成作业，好习惯也逐渐养成。现在我已经不用看着她写作业了，孩子已经能比较自主地完成作业。[①]

案例50.1中，父亲在陪伴女儿写作业时，一边看女儿写作业，一边自己玩手机。父亲可能认为，写作业是女儿的事情，而且女儿的作业很简单，自己看着她写作业，完全可以干点别的。当然，这个想法也是可以理解的，不能完全算错。要是趁着女儿写作业的时候阅读报刊和书籍，或是做些不影响他人的工作，也是完全可行的。可问题是，案例中的父亲陪女儿写作业时玩手机。对父亲来说，玩手机是打发时间的好消遣，但手机同样对女儿有相当的诱惑力。对于写作业的女儿来说，看到身边的父亲在玩手机，心里肯定是痒痒的，很想知道父亲在玩什么，很想把手机拿过来自己玩。这样一来，自然没有多少心思花在写作业上，自然会影响写作业的效率和质量，也会阻碍良好学习习惯的形成。好在案例中的父亲后来认识到了自己的问题和错误，向女儿承诺陪写作业时不玩手机。不仅如此，他还坚持与女儿一起写作业，并且比赛谁写得快。当然，在比赛时，父亲故意做得慢，总是让女儿获胜。这样，激发了女儿做作业的乐趣，帮助女儿养成了自主、有效率地写作业的习惯。

案例50.2　从无声电视到不看电视

说老实话，我们这些在外地打工的家庭，条件都很一般的。我们不可能租很大的房子，租住的地方也都很简单，没有很多房间。所以，我们家大人看电视和儿子做作业都在一个地方。刚开始，我们晚上看电视的时候，让有源背对着电视做作业。尽管我们看电视不放出一点声音，看的都是无声电视，有源也是背对着电视的，看不到任何画面，但一段时间后，

[①] 谢南. 拓展孩子成长空间——2016中国新父母年度人物提名奖获得者谢南亲子成长自述[J]. 教育，2016 (52).

我还是发现有源做作业的时候会开小差，注意力不集中。

为了让有源专心写作业，我们想了想，决定有源做作业的时候我们不看电视。每天晚上九点半，有源去睡觉，我们才开电视看一会儿，依然不放出声音。没想到，我们开始看电视了，有源也慢慢地盯着电视机，磨磨蹭蹭地不肯上床睡觉。最滑稽的是，我们让他赶紧拿毛巾洗脸，结果他一边盯着电视机，一边在我们的催促下打开了电冰箱！他磨磨叽叽不肯上床去睡觉，其实就是想看电视啊。

为了让有源不分心，后来，我们决定周一到周四的晚上，就彻底不看电视了。想想，我们在外面打工，生活也比较单调，其实是很想看看电视的。但是，我们现在想通了，要求小孩不看电视，我们也要带头不看。如果大人能够做到的话，小孩绝对不会说："你们都在看，为什么我不能看？"①

案例50.2中的孩子生活在一个打工者家庭，住的是租的小房子，孩子没有独立的空间做作业，孩子做作业的地方和父母看电视的地方同处一室。这样，只要父母晚上看电视，就必然被做作业的孩子知道，就有可能影响孩子写作业。为了不影响孩子做作业和休息，案例中的父母克服看电视的"瘾头"，决定周一到周四晚上不看电视，为孩子做出了率先垂范的好榜样。

第一，要求孩子做到的，自己首先要做好。

在孩子行为习惯养成方面，父母要成为孩子的榜样，要求孩子做到的事情，自己首先也要做到，而且要做好。案例中有源的父母知道在孩子做作业时看电视，电视机放出的声音和图像会影响到孩子。于是，他们让孩子背对着电视机做作业，自己则把电视的声音关掉，看起了无声电视。但

---

① 郁琴芳. 20个父亲的教育智慧 [M]. 上海：华东师范大学出版社，2016.

没想到，同处一室的有源做作业还是受到了干扰。针对这种情况，父母决定在有源做作业的时候不看电视，等孩子做好作业去睡觉了才看无声电视。但是，知道父母在看电视，有源做好作业后拖拖拉拉不肯去睡觉，也想看一会儿电视。

要知道，有源父母劳累了一天，晚上也想着放松放松。由于各种条件的限制，看电视是有源父母廉价的、方便的休闲方式，是他们晚上打发时间为数不多的选择。但是，晚上看电视，即便是看无声电视，也影响到了孩子做作业，就算是等孩子去睡觉了看无声电视，也影响到了孩子的正常休息。怎么办？案例中的有源父母不断地对自己提出更高的要求，最后有源父母索性决定周一到周四晚上彻底不看电视。从孩子做作业时看无声电视，到等孩子做好作业去睡觉后看无声电视，再到最后周一到周四晚上都不看电视，有源父母对自己的要求一步步地提高，真正做到了要求孩子不看电视自己首先不看电视，不仅为孩子做作业和休息创造了较好的环境，也做到高标准的以身作则，为孩子树立了好榜样。

第二，孩子毕竟是孩子，不能高估其自制力。

儿童的生理发育和心理发展都不成熟，其自制力相对成人来讲有所差距，有所欠缺。不少孩子在父母面前，明明口头答应得好好的，但在行动上很难做得到言出必行、言行一致。而且，与成人相比，儿童的意志力较差，行为更易受环境影响，难以有效地控制自己的行为。案例中父母一开始就认识到不能因为自己看电视而影响有源做作业。他们最初也采取了一定的措施，即让有源背对着电视机做作业，而且把电视的声音关掉了。有源父母认为，孩子做作业的时候既看不到电视的图像，又听不到电视的声音，那样就不会因为自己看电视而影响到孩子做作业。但是，他们低估了孩子想看电视的愿望，高估了孩子的自制力，因此，孩子做作业时出现思想开小差、注意力不集中的问题。

后来，他们在孩子做好作业要去睡觉之后才看电视，以为这样应该不会影响到孩子休息。不过，还是没有正确地评估孩子的自制力。当有源父母发现这一点后，他们采取的措施是周一到周四晚上彻底不看电视。这一招可谓是"釜底抽薪"，在很大程度上打消了孩子看电视的"借口"。有源父亲的这一做法，虽说未必能提高孩子的自制力，但也有效地避免了孩子因为想看电视而影响做作业和休息。

总之，细细地分析案例 50.1 和 50.2，我们可以得到一个启发：我们一方面要信任孩子、鼓励孩子，相信孩子有潜力、有能力管好自己，另一方面，我们要正确认识孩子的自制力。为此，父母在告知孩子应该怎么做之后，不能当甩手掌柜，完全让孩子自己管自己，而是要做好引导和监督，尽可能改善自己的行为，做给孩子看，带着孩子做。这样，才能达到教育预期，产生理想的教育效果。

后记

时间太瘦，指缝太宽，在近十五年的家庭教育研究工作之余，用慢如蜗牛的速度，终于把对家庭教育的碎思随想，用文字整理成了一本书。

从本科到攻读博士学位，我学习的专业都是教育领导学。硕士毕业后，我入职上海市教育科学研究院，却机缘巧合地做起了家庭教育研究工作，在家庭教育研究与指导中心一干就是十五年。从中观的学校教育到微观的家庭教育，从高高的象牙塔到鲜活的学校场，我用了相当长的时间去适应这种变化。这本书从起念、动笔、修改到成型，有点拖，有点慢，尽管有工作繁忙、无暇写作的原因，但更多地源于自己对家庭教育研究缺少积淀的忐忑和不安。

从萌生想法到书稿成型，尤其感谢华东师范大学郑金洲教授。永远记得，踏入大学校门后的专业第一课——"教育通论"，就是由风趣幽默、学识渊博的郑老师讲授的。从此，好好做教育研究的梦想，像种子一样扎根在我心田。从读书到工作，我虽不是郑门弟子，但也一直跟着自家爱人享受郑老师导师般的关爱。当我看到郑老师领衔推出"教育教学细节丛书"时，就向郑老师毛遂自荐，是否可以把教育细节延伸到家庭教育领域，写一本关于家庭教育细节方面的书。看到我的写作框架后，郑老师欣然同意并给予了专业指导。没有郑老师的允许和鼓励，一定没有眼前的这本小书。

感谢一路走来，在研究中不断给予点拨和指导的老师和前辈，在工作中不断给予支持和帮助的同事和同道。感谢众多的校（园）长、老师朋友们，在与你们的科研指导接触中，你们的认可和信任，是对我这样的青年科研人员莫大的鼓励。还要感谢书中所引案例的研究者、家长和教师，你们撰写的鲜活的家庭教育案例，使本书更接地气，更具有可读性和借鉴意义。

由于时间仓促及认识上的局限，文稿的不足在所难免，恳请读者朋友们不吝赐教。希望我的一点努力，能够促动更多的读者去意识到家庭教育应该回归生活，家庭教育应该关注细节。

"心心在一艺，其艺必工；心心在一职，其职必举。"以此书，激励自己在家庭教育研究的路上，继续耕耘，不断努力！

郁琴芳

2019 年元月